Swami Kriyananda
Intuition für Anfänger

vianova
Verlag Via Nova

Swami Kriyananda

# INTUITION FÜR ANFÄNGER

## Der inneren Führung vertrauen

Verlag Via Nova

Übersetzung aus dem Englischen:
Evelyn Horsch-Ihle

**Originaltitel:**
Intuition for Starters
Copyright © by Hansa Trust

Crystal Clarity, Publishers,
c/o Ananda Edizioni
Morano Madonnuccia, 7
06023 Gualdo Tadino (PG) Italy
Phone: +39-075-9148375
www.anandaedizioni.it

1. Auflage 2016
**Verlag Via Nova, Alte Landstr. 12, 36100 Petersberg**
Telefon: (06 61) 6 29 73
Fax: (06 61) 96 79 560
E-Mail: info@verlag-vianova.de
Internet: www.verlag-vianova.de
Umschlaggestaltung: Guter Punkt, München
Satz: Sebastian Carl, Amerang
Druck und Verarbeitung: C.H. Beck, 86720 Nördlingen

ISBN 978-3-86616-382-9

# Inhaltsverzeichnis

# Einleitung

Dieses kleine Buch kann Ihr Leben verändern – es hat meins als Herausgeber ganz sicher verändert. Es bietet Lösungen für viele Ihrer grundlegenden Fragen an: Woher weiß ich, dass ich die richtigen Entscheidungen treffe? Wie kann ich andere Menschen besser einschätzen und verstehen? Worin besteht der Sinn meines Lebens? Wo ist mein Platz in der größeren Ordnung der Dinge?

Diese Fragen fordern uns oft heraus, ohne dass wir eine Antwort darauf haben. Ohne irgendetwas, das man die Quelle einer Art innerer Führung nennen könnte, kann die Entscheidungsfindung ähnlich kompliziert sein, als würde man versuchen, ein durcheinandergeratenes Knäuel von Fäden aufzuknoten – je mehr wir an einem Faden ziehen, desto enger zieht sich der Knoten an einer anderen Stelle zusammen. Wenn man dagegen die Techniken einsetzt, die hier vorgestellt werden, wird man in der Lage sein, die manchmal verwirrenden Umstände von Situationen, denen man sich gegenübersieht, zu entwirren und mit einer Bestimmtheit zu handeln, die das Ergebnis wahrer Führung ist.

Das Aufregende an der Arbeit mit diesen Techniken ist, dass sie die Art unseres Denkens verändern können. Sie verändern auch die Art unserer Reaktionen auf das, was wir tun. Schöpferische Lösungen für alle Situationen unseres Lebens ergeben sich wie von selbst und neue Antworten auf alte Fragen können auftauchen.

Mit Intuition zu arbeiten, ermöglicht uns nicht nur, erfolgreicher zu leben, sondern kann im wörtlichen Sinne eine „Lebensweise" werden – erfüllt von größerem Enthusiasmus und mit deutlich mehr Energie bei all den Herausforderungen, denen wir uns wahrscheinlich gegenübersehen. Ein sehr erfolgreicher Mensch sagte einmal: „Es gibt keine Hindernisse im Leben, sondern nur Gelegenheiten." Das kann wirklich auch zu unserem Motto werden, wenn wir einmal die Schatten des Zweifelns und der Ungewissheit abgelegt haben und jeder neuen Situation mit dem Vertrauen begegnen, das die Folge echter innerer Klarheit ist.

Aber es gibt auch noch einen tieferen Nutzen, der aus der Lektüre und Anwendung dieses Buches entsteht – Sie können damit anfangen, Ihre eigenen höheren Bewusstseinszustände zu erforschen. Wahre innere Führung ist nämlich das Ergebnis eines erweiterten Bewusstseins, das immer schon auf einer Ebene unmittelbar unterhalb unseres bewussten Verstandes gearbeitet hat und das man das göttliche Bewusstsein nennt. Aus diesem Zustand heraus können wir mit einem mächtigen Energiestrom in Berührung kommen, der uns zu schöpferischen Lösungen in unserem Leben führt. Wir sind dann in der Lage, die höheren

Wahrheiten in unserer Umwelt zu erkennen, und können eine größere Einheit mit dem gesamten Leben fühlen. Uns mit dem göttlichen Bewusstsein zu verbinden, führt deshalb noch zu mehr als zu einem Wissen, welche Entscheidungen wir am besten treffen sollten: Es hilft uns zu erkennen, wer wir wirklich sind.

J. Donald Walters, der Autor dieses Buches, hat mehr als 50 Jahre seines Lebens damit verbracht, diese Wahrheiten zu leben und sie mit seinen Schülern rund um den Erdball zu teilen. Noch persönlich ausgebildet durch den großen Yogameister Paramhansa Yogananda, bezieht Walters seine Lehren aus einer Tradition, die bereits viele Jahrtausende lang Menschen geholfen hat, ihr eigenes höchstes Potenzial zu leben.

Was diese Techniken so besonders überzeugend und wertvoll macht, ist das Beispiel von Walters selbst. Indem er die Prinzipien zur Inneren Führung viele Jahre lang praktiziert hat, war Walters in der Lage, sehr außergewöhnliche Leistungen zu vollbringen: Er schrieb nicht nur mehr als 80 Bücher, sondern auch rund 400 Musikstücke, gründete eine Anzahl sehr erfolgreicher spiritueller Gemeinschaften und bot seine Beratung und seine Führung tausenden Schülern und Freunden auf der ganzen Welt an.

In jedem von uns liegen die Fähigkeiten verborgen, diejenigen Antworten anzuziehen, die wir für die Herausforderungen brauchen, mit denen wir konfrontiert sind. Intuition wird Ihre Füße auf einen neuen Weg setzen, einen Weg, der Ihnen zeigt, wie Sie kreative Lösungen anziehen können und wie Sie merken können, dass das Leben nicht aus einer endlosen Schleife von Problemen besteht. Es ist vielmehr ein großes Abenteuer, das mit unvorstellbar vielen Möglichkeiten und reinster Hoffnung erfüllt ist.

Devi Novak
Ananda Village, Nevada City, Kalifornien

## Kapitel 1

# Was ist Intuition und woher kommt sie?

Wenn wir uns in unserer Welt umsehen, dann können wir erkennen, dass das Universum das Leben feiert. Es scheint durch die Sterne, es singt durch die Vögel, es lacht durch die Kinder und es tanzt im Wind der Bäume. Und trotz all dieser Schönheit und Vielfalt, die uns umgibt, sehnen wir uns manchmal danach, noch mehr zu spüren, nämlich danach, dass wir Teil all dessen sind. Wir wollen gerne im Einklang mit dieser „Sphärenmusik" singen. Viel zu oft jedoch bringen wir Missklänge in diese Musik ein, weil wir hartnäckig auf den von unserem Ego erzeugten Melodien bestehen.

Wir alle haben schon einmal Kinder beobachtet, die singen. Da gibt es immer mindestens ein Kind, das keine Ahnung von der Melodie hat, die da gesungen wird, das aber so gerne Teil dieses Singens sein möchte, so dass es voll Enthusiasmus mitsingt, mit irgendwelchen Tönen, die ihm gerade einfallen. Das bringt sehr viel Charme und manchmal auch eine andere passende Stimme in dieses Musikstück. Oft aber machen wir es als Erwachsene genauso, meist etwas weniger unschuldig als dieses Kind. Wir mischen unsere eigenen Wünsche in diese Melodie, indem wir sagen: „Ich will, dass die Welt *so und so* ist." Oder wir sagen: „Na los, ihr alle, lasst es uns *auf meine Weise* tun!" Als Folge davon ist die Welt voll Disharmonie. Wir alle können diese Kakophonie rund um uns herum spüren.

Aber wie können wir uns wirklich auf die große Sinfonie des Lebens einstimmen? Ein Freund von mir reagiert auf ein Problem, mit dem er sich konfrontiert sieht, auf folgende Weise: Er fragt sich nämlich: „Was versucht sich hier gerade zu zeigen?" Wir dagegen machen es oft ganz anders: Wir versuchen, die Wirklichkeit zu verändern, wir bestehen darauf, dass sie mit unseren inneren Vorstellungen und Wünschen übereinstimmen soll. Im Laufe dieses Prozesses aber verlieren wir aus dem Blick, dass es auch einen höheren Sinn in all dem gibt, was gerade geschieht. Wir kämpfen stattdessen darum, dass wir das Leben in Teile aufteilen und diese mit Sinn versehen, statt dass wir es als einen Fluss erkennen, der in ständiger Bewegung begriffen ist. Wenn wir aber alles in Einzelteile aufteilen, wie Teile eines Puzzlespiels, dann ergibt sich meist kein zusammenhängendes Bild mehr, kein Weg und keine Richtung, die unser Verstehen lenken könnte.

Es gibt aber eine Möglichkeit für uns, diesen Weg, diese Richtung zu erkennen – spüren zu können, dass wir alle Teil der größeren Wirklichkeit sind, und erkennen zu können, was für uns als Menschen das Richtige ist. Dieser Weg erfordert, uns zu öffnen und empfänglich für die höheren Bewusstseinspotenziale in uns zu werden und so in Übereinstimmung mit unserer Umwelt zu leben. Er erfordert, unseren eigenen inneren Sinn für intuitive Führung zu entwickeln.

Intuition ist die angeborene Fähigkeit jedes Menschen, die Wahrheit unmittelbar zu erfahren – nicht durch unseren Intellekt, nicht durch unsere Logik, nicht durch unsere Fähigkeit zu analysieren, sondern dadurch, dass wir sie in unserem Inneren finden. Das ist die wahre Bedeutung des Wortes „Intuition“: von innen zu erkennen und zu verstehen – aus dem eigenen Selbst heraus, wie auch aus dem Herzen all dessen, was man zu verstehen versucht. Intuition ist die innere Fähigkeit, durch die äußeren Formen hindurch in die innere Essenz zu sehen.

Wir alle haben gelegentlich „zutreffende Vorahnungen“ gehabt, wenn wir beispielsweise wussten, welchen Weg wir entlangfahren oder welche Spielkarte wir ausspielen sollten, ohne genau zu wissen, warum oder wie wir das tun sollten. Diese intuitive Fähigkeit ist in uns allen latent vorhanden. Sie kann jedoch bewusst entwickelt werden, damit wir all unsere Entscheidungen aus einer inneren Klarheit heraus treffen können.

Intuition ist weder maskulin noch feminin. Manchmal hören wir Menschen über die „weibliche Intuition“ sprechen, da sich Intuition mehr auf den Gefühlsaspekt der menschlichen Natur bezieht, aber in Wirklichkeit ist sie sowohl in Männern als auch in Frauen vorhanden. Ich habe beobachtet, dass Frauen interessanterweise ihre Intuition mehr einsetzen, wenn es um das Verständnis anderer Menschen geht, während Männer dies häufiger im Bereich ihrer Arbeit tun. Aber die Wahrheit in jedem Bereich liegt darin, dass Intuition ein ruhiges, unpersönliches Gefühl ist. Frauen erleben das Leben mehr durch Fühlen in Form von Emotionen, Männer tendieren oft dazu, unpersönlicher zu sein. Eine Kombination dieser beiden Eigenschaften ist das, was Intuition herstellen kann.

Jede Entscheidung, die wir treffen, wird von irgendetwas beeinflusst – ob wir das nun gut oder schlecht finden. Es ist nicht möglich, überhaupt nicht von etwas gelenkt zu werden – aus dem einfachen Grund, weil wir alle Teile einer größeren Wirklichkeit sind. Wir können jedoch sagen: „Ich entscheide mich dafür, davon gelenkt zu werden, was mich und andere zu wahrem Glück führt, statt von dem, was schließlich zu einer Sackgasse und ins Leiden führt."

Wie werden wir in den Entscheidungen, die wir treffen, überhaupt beeinflusst? Teilweise dadurch, dass wir dem Massenbewusstsein in unserer Umwelt ausgesetzt sind, das uns sowohl auf offensichtliche wie auch auf unbewusste Weise beeinflusst. Ich meine hiermit nicht nur die unterbewussten/subliminalen Botschaften, die man empfängt, wenn man eine Zeitschrift durchblättert oder einen Fernsehfilm sieht. Die Einflussfaktoren, die ich hier meine, sind viel subtiler und gleichzeitig viel mächtiger. Wir alle können ihnen nicht ausweichen, indem wir Sinnesreize ausblocken, denn schon die Gedanken, die Menschen denken, durchdringen alles und beeinflussen unser Bewusstsein zutiefst.

Vor vielen Jahren bewohnte ich einmal in San Francisco ein ruhiges Apartment. Mittags um zwölf Uhr war es darin ebenso still wie um drei Uhr morgens. Interessanterweise jedoch war die Stille, die um drei Uhr morgens herrschte, trotzdem irgendwie allumfassender. Ich meine nicht die Stille, die man mit den Ohren hören kann, sondern die des Geistes, denn alle Menschen in dem Gebäude schliefen gerade. Die Gedanken derjenigen, die um dich sind, beeinflussen manchmal mehr als Worte und offenkundige Botschaften die Art und Weise, in der wir handeln und denken.

Wir können diesen Einflüssen nicht ausweichen. Wir können jedoch festlegen, *wie* sie uns beeinflussen, indem wir auf das reagieren, was zu positiven Ergebnissen und zum Erfolg im Leben sowie zu einer inneren Erfülltheit führt. Einflussfaktoren, die weniger glückliche Folgen nach sich ziehen, können durch intuitives Gefühl herausgefiltert und als das erkannt werden, was sie wirklich sind – scheinbar etwas, was uns erhebt, in Wirklichkeit aber etwas, was uns wie Opium letztlich zerstört.

## Die drei Ebenen des Bewusstseins

Wir filtern das, was uns beeinflusst, je nach unserer gewohnten Bewusstseinsebene. Die Gesamtheit unseres Bewusstseins besteht aus drei Ebenen: Dem Unterbewussten, dem Bewussten und dem göttlichen Bewusstsein. Diese drei Bewusstseinsebenen repräsentieren unterschiedliche Intensitätsebenen unseres Bewusstseins. Während wir von einer zur anderen emporsteigen, wirken unterschiedliche Einflussfaktoren auf uns.

Auf der ersten Ebene, dem Unterbewussten, sind wir bewusstseinsmäßig relativ trübe: Unsere Träume sind aus diesem Stoff gemacht. Wir können uns Träume als eine Art Lager für alle erinnerten Lebenserfahrungen vorstellen – Eindrücke, die im Geist durch solche Erlebnisse zurückbleiben, sowie Neigungen und Abneigungen, die aufgrund solcher Eindrücke in uns entstehen. Jedes Erlebnis, das wir einmal hatten, jeder Gedanke, jeder Eindruck eines Verlustes oder Gewinns bleibt im unterbewussten Geist erhalten und bestimmt unsere Denk- und Verhaltensmuster in einem weit größeren Ausmaß, als wir glauben und wissen.

Das Unterbewusste, das nicht durch die festen Forderungen von Logik und Abfolge eingeschränkt ist, erlaubt einen bestimmten Fluss von Vorstellungen. Dieser Fluss kann eine Grenze mit der Intuition gemeinsam haben, aber wenn die Vorstellungen zu sehr von unserer Subjektivität beeinflusst werden, dann korrespondieren sie nicht mehr wirklich mit der äußeren Welt, die uns umgibt. Wenn wir nachts träumen, dann öffnen wir im Wesentlichen die unterbewusste Ebene unseres Geistes. Ich kann mich an einen Traum erinnern, den ich vor vielen Jahren träumte, in dem ich fliegen konnte. Ich dachte: „Das tun Menschen im allgemeinen doch nicht? Wie kann ich denn hier fliegen?" Und dann dachte ich in meinem Traum: „Vielleicht träume ich gerade?" Ich entschloss mich, darüber nachzudenken. War ich gerade wach? Oder schlief ich gerade? Als ich logisch darüber nachdachte, entschied ich auf vollkommen rationale Weise, dass ich wohl gerade wach sei. Ich tat hier nur etwas, das etwas abseits des Normalen lag. Einen Augenblick später wachte ich auf: Und welche Überraschung erlebte ich, als ich erkannte, dass ich in Wirklichkeit die ganze Zeit über in meinem Bett gelegen hatte!

Tiere leben vor allem auf dieser unbewussten Ebene. In ihrem unklaren Bewusstsein besitzen sie bis zu einem gewissen Grad eine Art Intuition. Reiter beispielsweise berichten, wie Pferde oft unmittelbar auf ihre Gedanken reagieren. Ein Pferd weiß meist schon in dem Moment, in dem man in den Sattel steigt, ob man ein guter Reiter ist oder nicht, es spürt unmittelbar, wer hier die Kontrolle hat.

Ich hörte einmal eine Geschichte (die angeblich wahr ist) über eine Katze, die bei einer Familie in Wisconsin lebte. Die Familie musste dann in den Staat Washington umziehen, der etwa 2 000 Kilometer von Wisconsin entfernt liegt. Die Familie entschied, dass sie die Katze nicht mitnehmen konnte, und ließ sie traurig bei einem Nachbarn zurück. Sie erreichten ihr neues Zuhause und richteten sich häuslich ein. Einige Monate später hörten sie vor der Tür ein Miauen – es war ihre Katze. Sie war ihrer Intuition gefolgt und hatte sie gefunden. Man kann das ganz sicher nicht einem besonders guten Geruchssinn zuschreiben – stellt euch einmal eine Katze vor, die sich schnüffelnd am Rand einer Autobahn entlangbewegt. Da war etwas anderes wirksam: die Intuition der Katze!

Wenn wir hier gerade über Tiere sprechen – oder über unbewusstes Verhalten von Menschen – dann ist es eigentlich falsch, dieses Bewusstsein als „unbewusst" zu bezeichnen, wie dies die Psychologen tun. Es gibt so etwas wie ein „Unbewusstes" nämlich gar nicht. Ein universelles Bewusstsein, nämlich Gott, hat alles erschaffen, was exis tiert. Selbst Felsen haben ein Bewusstsein – sicherlich in einem geringen Ausmaß, aber Keime eines Bewusstseins existieren in jedem Atom.

Wir können uns deshalb vorstellen, dass wir selbst Atome sind, die sich bis zur Ebene des Selbst-Bewusstseins fortentwickelt haben. Auf unserem Evolutionsstadium ist es für das erwachte Bewusstsein in uns ganz natürlich, eine noch höhere Bewusstseinsebene erreichen zu wollen. Am Anfang dieses Prozesses jedoch sind wir uns vielleicht erst ansatzweise bewusst, dass wir im Begriff sind, genau dieses zu tun.

Das Unbewusste kann sich nur zu leicht in unsere bewusste Achtsamkeit einmischen und uns denken lassen, dass wir gerade eine intuitive Führung bekommen, während wir in Wirklichkeit lediglich von vergangenen Eindrücken und unerfüllten Sehnsüchten beherrscht werden. Der unbewusste Geist ist in mancher Hinsicht nämlich auch mit dem göttlichen Bewusstsein verwandt, aus dem die wahre Intuition hervorgeht. Beide stellen einen Bewusstseinsfluss dar, der von Logik nicht behindert wird. Das Unbewusste ist deshalb für die Intuitionen des göttlichen Bewusstseins offener und empfängt sie manchmal auch, mischt sie aber gewöhnlich mit verwirrenden Bildern. Es ist deshalb sehr wichtig, wenn auch manchmal schwer, die wahre Quelle unserer inneren Führung auszumachen. Fürchterliche Entscheidungen mit äußerst schädlichen Folgen sind im Glauben getroffen worden, dass es sich um höhere Führung handele, während der Betreffende in Wirklichkeit nur auf eine unbewusste Prägung früherer Erfahrungen reagierte.

Die nächste Bewusstseinsebene, aus der wir Führung empfangen können, ist die Ebene des Bewussten, des rationalen Bewusstseins, das uns gewöhnlich bei unseren täglichen Entscheidungen leitet. Wenn wir Reize über die Sinne vermittelt bekommen, die Tatsachen analysieren und auf der Basis dieser Informationen unsere Entscheidungen treffen, dann setzen wir die bewusste Führungsebene in uns ein. Dieser Prozess wird durch die Meinung anderer stark beeinflusst und das kann unsere Fähigkeit, unserem eigenen Urteil zu folgen, durchaus beeinträchtigen.

Die Welt in Entweder-oder-Kategorien einzuteilen, ist eine Eigenschaft dieser Bewusstseinsebene, sie ist deshalb problemorientiert. Es ist aber schwer, sich seiner Entscheidungen sicher zu sein, wenn sie auf dieser Ebene getroffen werden, denn der analytische Geist kann alle möglichen Lösungen finden. Letztlich aber hat er nicht die Fähigkeit, diejenige Lösung herauszufiltern, die wirklich die beste ist. Wenn wir uns deshalb ausschließlich auf den bewussten Verstand verlassen, kann es sein, dass wir uns nicht wirklich sicher fühlen und in einen Zustand anhaltender Entschlusslosigkeit verfallen. Es könnte sein, dass wir uns immer wieder fragen: „Aber was mache ich, wenn nun d a s geschieht?" oder „Vielleicht wäre es doch besser, das und das zu tun?"

Ich habe festgestellt, dass Menschen, die sich bei ihrer Entscheidungsfindung vor allem auf den bewussten Geist verlassen, in einer bestimmten Weise reagieren, wenn sie zu mir zur Beratung kommen. Wenn ich ihnen eine mögliche Lösung anbiete, dann antworten sie gewöhnlich mit Sätzen, die wie folgt beginnen: „Ja, aber..." oder „Ja, okay, aber andererseits..." Wenn ich also eine Antwort vorschlage, die in einer Richtung liegt, dann reagieren sie mit der Möglichkeit anderer Alternativen. Sie bewegen sich damit im Kreis und kommen nie zu einer eindeutigen, klaren Verhaltensweise.

Zwischen dem bewussten und dem unbewussten Geist liegt eine dritte Bewusstseinsebene – eine, die die beiden anderen sowohl trennt wie auch verbindet: das göttliche Bewusstsein. Diese Ebene ist an der feinen Trennungslinie zwischen dem Schlaf und dem Wachzustand zu finden. Wenn ihr euren Geist genau an dem Augenblick fokussieren könnt, wenn ihr einschlaft, oder in dem schwebenden Moment, bevor euer Bewusstsein sich ins Alltagsbewusstsein erhebt, dann werdet ihr merken, dass ihr sanft in eine Art Halb- oder Überbewusstsein verfallt oder sofort das volle göttliche Bewusstsein betretet.

Intuition und erhöhte geistige Klarheit kommen aus diesem Bewusstseinszustand. Der bewusste Geist ist durch sein analytisches Wesen begrenzt und empfindet deshalb alle Dinge als getrennt und voneinander unabhängig. Wir sind vielleicht in einer bestimmten Situation erstaunt, aber da sie scheinbar nichts mit anderen Situationen zu tun hat, fällt es uns schwer, eine klare Richtung einzuschlagen. Da das göttliche Bewusstsein im Gegensatz dazu vereinheitlichend ist und alle Dinge als Teil eines Ganzen betrachtet, kann es ganz andere Vorschläge machen. Im Zustand des göttlichen Bewusstseins werden das Problem und seine Lösung als eins gesehen, so, als ob die Lösung sich auf ganz natürliche Weise aus dem Problem ergeben würde.

Obwohl die Ebene des göttlichen Bewusstseins in jedem Menschen latent vorhanden ist, wissen die wenigsten Menschen wirklich davon. Wenn wir aber in Berührung mit diesem Bewusstsein kommen, können wir unsere Verbundenheit mit jedem anderen und mit dem Leben als Ganzes spüren. Paramhansa Yogananda, der Meister der Wissenschaft des Yoga und der Meditation, konnte diesen Zustand willentlich herbeiführen. Er schrieb ein wundervolles Gedicht, in dem er den Zustand der Einheit mit allem beschrieb als „Wissen um die Gedanken aller Menschen, in der Vergangenheit, Gegenwart und Zukunft."

In seinem Buch „*Autobiografie eines Yogi*" beschrieb Yogananda diesen Zustand ebenfalls als „Zentrum überall, Grenze nirgendwo". Wenn wir mit unserem eigenen inneren Zentrum verbunden sind, dann erkennen wir, dass das Zentrum aller Wesen Teil unseres eigenen Bewusstseins ist und dass nichts außerhalb davon existiert. Unsere Intuition kann ohne jede Anstrengung die Essenz jedes einzelnen Problems erkennen und die passende Lösung formulieren, wenn wir im göttlichen Bewusstsein sind. Weit davon entfernt, uns von den Bedürfnissen anderer abzuschneiden, spiegelt das göttliche Bewusstsein die Wirklichkeit aller Wesen wider. Alles, was wir dann tun, geschieht in Harmonie mit der Sinfonie des Lebens und nützt letztlich allen daran Beteiligten.

Die moderne Geschichte des Westens spiegelt zu einem großen Teil die Vorherrschaft der logischen, wissenschaftlichen Wahrnehmung über die der Intuition und des göttlichen Bewusstseins. Wissenschaftler gehen heute davon aus, dass sie das Universum allein durch ihre Logik durchdringen können, weil sie meinen, dass dessen Gesetze ausschließlich von der Logik diktiert werden. Aber kann man wirklich mit Logik allein ein Gedicht schreiben oder eine Sinfonie komponieren, kann man wirklich ein Wissenschaftler sein, der eine neue Entdeckung macht? Die Antwort auf all diese Fragen ist ein eindeutiges „Nein!"

Albert Einstein, der vielleicht größte wissenschaftliche Geist unserer Zeit, sagte einmal, dass jeder wahre Wissenschaftler ein Gefühl für mystische Wunder und Ehrfurcht angesichts des Universums besitzen muss, wenn er hofft, es wirklich zu verstehen. Als er ein junger Mann war, entdeckte er seine Relativitätstheorie durch eine plötzliche Eingebung, die wie ein intuitiver Blitz durch seinen Kopf schoss. Dann arbeitete er viele Jahre daran, diese Eingebung anderen auf logische Weise erklären zu können, damit auch sie sie verstehen konnten.

Ganz ähnlich ist es, wenn wir uns daran machen, etwas über die größten Entdeckungen der Wissenschaft zu lesen, die es im Laufe der Jahrhunderte gegeben hat. Sie alle basierten vorwiegend auf Intuition. Vielleicht folgten die Wissenschaftler einem logischen Prozess, der sie von A nach B brachte, aber dann gab es immer einen unerklärlichen Sprung, der sie von C nach Q katapultierte. Sie versuchten dann, ihre Entdeckungen rational zu erklären, weil sie an den logischen Prozess glaubten, aber letztlich war es ihre Intuition, ihr eigenes göttliches Bewusstsein, das ihnen den Durchbruch beschert hatte.

## Eine Übung zur Wahrnehmung
## des göttlichen Bewusstseins

Das göttliche Bewusstsein hat seine körperliche Entsprechung im Frontallappen des Gehirns. Der bewusste Geist arbeitet vom mittleren Gehirnteil aus und der unterbewusste aus dem niedrigen Gehirn. Das bedeutet, es gibt eine Art linearen Fortschritts des Bewusstseins vom Unterbewussten zum Überbewussten, dem göttlichen Bewusstsein. Wir können die Fähigkeit entwickeln, willentlich von einem Bewusstseinszustand zum anderen zu wechseln. Eine hilfreiche Praxis dafür besteht darin, unseren Bewusstseinszustand mit der Position unserer Augen zu verbinden.

Ihr werdet merken, dass der Geist leichter ins Unterbewusste abrutscht, wenn man seine Augen nach unten richtet. Wenn ihr dagegen geradeaus, nach vorne, schaut, dann ist es leichter, die Lethargie des Schlafens abzuschütteln. Und wenn man nach oben schaut, ist es leichter, ins höhere Bewusstsein zu kommen und die höhere Führung zu empfangen.

Übt dies mit folgender Praxis:

1. Schaut nach unten, wobei ihr die Augen geschlossen haltet. Spürt euch, wie ihr nach unten sinkt, so, als ob ihr euch im Wasser sinken lassen würdet, durch Wälder von Seegras, das sich hin und her bewegt – tiefer und tiefer, in eine grüne, neblige Welt der Fantasie. Freut

euch an diesem angenehmen Gefühl der Freiheit von allen irdischen Verantwortlichkeiten, von fordernden Projekten, von Ängsten und weltlichen Ambitionen. Affirmiert geistig die Worte: „Ich sinke ins Unterbewusste hinab, durch langsam dahintreibendes Wasser."

2. Und nun, mit einer schnellen Willensanstrengung, öffnet die Augen und schaut geradeaus. Schüttelt die letzten Ranken der Passivität ab. Affirmiert geistig die Worte: „Mit einem Energiestoß erhebe ich mich und grüße die Welt!"

3. Bleibt einige Augenblicke lang in diesem Zustand. Dann richtet euren Blick nach oben und affirmiert die Worte: „Ich erwache zu Deinem Licht! Ich bin voll Freude! Ich bin frei! Ich erwache zu Deinem Licht!"

Übt, zwischen diesen drei Zuständen hin und her zu wechseln, wobei ihr dies mit dem entsprechenden Wechsel der Augenpositionen begleitet. Nach und nach werdet ihr die Fähigkeit gewinnen, eure Bewusstseinszustände willentlich zu kontrollieren und die Ebene der Führung zu wählen, die ihr bekommen wollt.

## Kapitel 2

# Wie man seine
# innere Führung erweckt

Der unterbewusste, bewusste und überbewusste Geist arbeitet jeweils von einem anderen Gehirnteil aus. Wenn man die Übung praktiziert, die wir eben im vergangenen Kapitel gelernt haben, werden wir uns bewusster, welchen Teil unseres Bewusstseins wir gerade einsetzen, während wir uns unseren alltäglichen Aktivitäten widmen. Versucht einmal zu spüren, wo im Gehirn euer Bewusstsein gerade zentriert ist, wenn ihr euch beispielsweise entspannt oder gerade einschlaft, wenn ihr Auto fahrt oder in einem Verkehrsstau seid oder wenn ihr euch besonders froh oder emporgehoben fühlt.

Sich der unterschiedlichen Gehirnteile bewusst zu sein, ist jedoch nur ein Teil der Kenntnis, wie man das Überbewusste, das göttliche Bewusstsein, erlangen kann. Die Wissenschaft des Yoga lehrt uns, dass wir in Wirklichkeit *drei* Körper besitzen: den physischen Körper, den Astralkörper, den man auch „Energiekörper" nennt und der der

Sitz unserer geistigen und emotionalen Natur ist, und der Vorstellungs- oder Kausalkörper, der im Bereich reinen Geistes arbeitet.

Unseres physischen Körpers sind wir uns natürlich immer bewusst, aber wir können auch Beweise für die Existenz unseres Astralkörpers finden, wenn wir beispielsweise die Kirlian-Fotografie betrachten. Auf diesen Fotos, etwa von der Hand eines Menschen, kann man eine wundervoll gefärbte Energie sehen, die von der physischen Form ausstrahlt. Diese ist durchaus unterschiedlich bei verschiedenen Menschen: mal größer, mal kleiner, mal heller oder gedämpfter – je nach Stärke oder Eigenschaft der Energie des betreffenden Menschen.

Der Astralkörper enthält sieben „Energiezentren" - Chakras, wie sie im Sanskrit genannt werden -, die verschiedene Aspekte unseres geistigen und emotionalen Zustands lenken. Diese Energiewirbel befinden sich auf unserer „astralen", der feinstofflichen Wirbelsäule, die die energetische Entsprechung unserer physischen Wirbelsäule und unseres Gehirns ist. Wenn ihr gerne mehr über die Chakras erfahren wollt, dann empfehle ich euch das Buch „*Chakras für Starters*" von *Savitri Simpson*, das über den Verlag Crystal Clarity Publishers bezogen werden kann.

Zwei dieser Chakras sind von besonderer Bedeutung, wenn man versucht, die innere Führung in sich zu erwecken: Es ist einmal das *anahata*-Chakra, das Wirbelsäulenzentrum, das sich auf Höhe des physischen Herzens befindet, und das *ajna*-Chakra, das so genannte Dritte Auge, das wir am Punkt zwischen den Augenbrauen finden. Wenn wir meditieren und uns auf das Dritte Auge konzentrieren, dann konzentrieren wir unser Bewusstsein auf die Frontallappen unseres Gehirns, wo sich das göttliche Bewusstsein befindet.

## Übungen für eine bessere Wahrnehmung der Chakras

Hier nun einige Übungen, mit denen du ein besseres Bewusstsein für das *anahata*-Chakra und das *ajna*-Chakra entwickeln kannst. Zur Vorbereitung setze dich mit aufrechter Wirbelsäule hin und versuche, deine rastlosen Gedanken zur Ruhe zu bringen. Praktiziere dann eine Yogatechnik, die man den *Regulären Atem* nennt: Atme ein und zähle dabei bis 12, halte den Atem an und zähle dabei wiederum bis 12 und atme dann aus und zähle dabei erneut bis 12. Dies ist eine Runde. Übe zwischen sechs und zwölf Runden. Dann atme vollständig aus und sitze einige Augenblicke lang ganz ruhig.

Konzentriere nun deine Aufmerksamkeit auf das *anahata*-Chakra, das sich im Bereich hinter deinem körperlichen Herzen befindet. Ziehe einige Male dazu deine Schulterblätter zusammen, indem du den Bereich hinter deinem Herzen mehrmals anspannst und entspannst. Stelle dir dabei ein großes Licht vor, das aus dem Bereich deines Herzens ausstrahlt. Stelle dir vor, dass dieses Licht alles um dich herum umfasst – deine Wohnung oder dein Haus, deine Nachbarn, das Land, die ganze Welt und den ganzen

Weltraum. Alles und jeder werden in diesem Licht gebadet – versuche dir das vorzustellen. Sitze ganz ruhig und lass deinen Körper entspannt sein, versuche zu fühlen, dass sich im Bereich des *anahata*-Chakras Wärme oder Energie ausbreitet.

Bringe nun deine Aufmerksamkeit auf das *ajna*-Chakra, den Punkt zwischen deinen Augenbrauen. Ziehe einige Male deine Augenbrauen zusammen, um die Energie dort zu stimulieren. Stelle dir vor, dass du von diesem Punkt aus einen Lichtstrahl aussendest, wie ein Licht, das von einem Projektor in einem Kino ausgesendet wird und den Film auf die Leinwand spielt. Stelle dir vor, dass du diesen Lichtstrahl mit großer Kraft durch den Raum bewegst und dass er alle Schatten des Schmerzes und der Sorgen wegschmilzt. Setze dazu deine ganze Willenskraft ein, sende dann dieses Licht weiter und weiter hinaus in den Raum. Nun entspanne dich und spüre ein strahlendes Lichtzentrum voll Energie zwischen deinen Augenbrauen.

Diese beiden Chakras handeln wie Sende- und Empfangsstationen für deine Gedanken und Gefühle, so wie ein Radiosender und -empfänger. In seinem Buch *Autobiografie eines Yogi* erläutert Paramhansa Yogananda: „Der menschliche Geist, der von dem Zustand der Unruhe befreit ist, kann durch seine Antenne der Intuition alle Funktionen komplizierter Radioübermittlungen ausüben – Gedanken zu senden und zu empfangen oder unerwünschte Gedanken auszuschalten. Und ebenso, wie die Kraft eines Radios von der Menge des elektrischen Stroms abhängt, die es benutzen kann, so wird das menschliche Radio durch die Willenskraft energetisiert, die jeder Mensch besitzt."

---

## Technik zur Aktivierung der inneren Führung

Hier nun eine sehr wirkungsvolle Technik, um dich mit deiner inneren Führung in Verbindung zu setzen, die diese beiden Chakras, die wir eben aktiviert haben, dazu einsetzt:

1. Konzentriere dich auf den Punkt zwischen den Augenbrauen, das *ajna*-Chakra, das die Sendestation für deine Gedanken ist. Bitte nun um Führung aus dem göttlichen Bewusstsein. Du kannst dafür einen starken Gedanken aussenden, wie beispielsweise: „Was soll ich jetzt tun?"

2. Warte nun auf Antwort und konzentriere dich dazu auf die Empfangsstation deiner Intuition, das *anahata*-Chakra, das Herzzentrum. Sei dabei vollkommen neutral und versuche eine Antwort zu hören, sei sie nun Ja

oder Nein. Sie wird nach und nach immer deutlicher werden, je mehr du daran arbeitest, sie zu entwickeln. Manchmal wird das entstehende Gefühl ganz klar und eindeutig sein, aber wenn es nicht klar ist, dann gibt es auch mehrere Dinge, die du tun kannst, um die Antwort, die du empfangen hast, zu verdeutlichen: Versuche, Alternativlösungen für dich zu finden, sprich sie innerlich aus und spüre, ob sich eine dieser Lösungen in deinem Herzen irgendwie richtig anfühlt. Erinnere dich: Die Antwort kommt nicht aus deinem Verstand. Du kannst dich nicht dort hineindenken. Du musst alle Gedanken loslassen und dich auf deine intuitive Ebene einlassen. Ich habe oft erlebt, dass die Antwort ganz am Ende der Zeit kommt, in der ich um Führung gebeten habe, dann aber auf sehr klare Weise. Manchmal kommt sie auch erst Tage später, wenn ich spazieren gehe oder mich entspanne und eigentlich gar nicht mehr damit rechne.

3. Schließlich: Ein Problem ist schon zur Hälfte gelöst, wenn man es ganz klar benennt. Wenn du um Führung bittest, solltest du ein klares geistiges Bild der Frage erschaffen, die dich bewegt. Dann halte dieses Bild hoch zum göttlichen Bewusstsein in der Mitte deiner Augenbrauen. Menschen kämpfen oft lange Zeit darum, die Führung zu finden, die sie suchen. Aber eigentlich braucht man gar nicht lange dafür: Geistige Klarheit und Energie sind völlig ausreichend.

## Wie man die hohe Kunst
## der inneren Führung entwickelt

Die oben beschriebene Art und Weise ist die grundlegende Technik, aber es gibt viele subtile Verfeinerungen, und die brauchst du auch, wenn du den Zugang zur inneren Führung wirklich wirksam üben möchtest. Als Erstes lasst uns über die Bedeutung hoher Energie sprechen. Genau wie der Fluss der Elektrizität in einem Kabel ein Magnetfeld erzeugt, so stellen auch unsere Gedanken einen Energiefluss her, der ein Magnetfeld erzeugt. Die Stärke und Qualität dieser Energie bestimmt die Klarheit wie auch die Art der Antwort, die wir erhalten. Wenn ich beispielsweise ein Musikstück schreiben möchte, dann versuche ich mich auf ein musikalisches Fühlen einzustimmen und bitte dann mit starker Energie das göttliche Bewusstsein, mir eine Melodie zu schenken. Auf diese Weise war ich in der Lage, Hunderte Musikstücke zu schreiben, und das sehr schnell und ohne Mühe.

Erinnere dich daran, dass das göttliche Bewusstsein lösungsorientiert arbeitet. Deshalb musst du dich selbst in einen Modus der Lösungsorientiertheit bringen, damit du die Führung erhalten kannst, und du musst dann den Mut haben, wirklich zu bitten. Versuche also, deinen Geist von jeglichem Zweifel zu befreien, und erzeuge in dir – so stark du kannst – den Gedanken: „Es gibt eine Antwort und sie wird zu mir kommen, wenn ich sie nur in der richtigen Art und Weise suche." Das ist das, was Jesus meinte, als er sagte: „Bete und glaube." Wenn wir energetisch unsere Gedanken der Ebene des göttlichen Bewusstseins zum Geschenk machen und Vertrauen haben, dann wird die Antwort da sein und wahre Führung wird sich schnell einstellen.

Ein weiterer wichtiger Aspekt ist, dem göttlichen Bewusstsein die Fragen immer in einer positiven Art und Weise zu stellen. Sprich also dein Anliegen nicht so aus, als ob du schon im Vorwege ein Scheitern erwartest, in der Art wie: „Warum bekomme ich bloß keine Antwort?" Dieser negative Ansatz lähmt den Fluss der Intuition. Sprich vielmehr voll Erwartung die Worte: „Die Antwort ist da und sie wird sein..." – und dann wird die Lösung auch kommen. Wenn du Vertrauen hast, Geduld und eine positive Entschlossenheit, dann werden sich die Antworten zur rechten Zeit einstellen.

Selbst wenn wir alles richtig machen, bekommen wir jedoch nicht immer eine wirklich klare Antwort. Was können wir dann tun? Beginne damit, dass du versuchst, innerlich ganz ruhig zu werden, und versuche, dich selbst aus dem Geschehen herauszuhalten. Bewahre kraftvoll den Gedanken, dass du wirklich keine Vorlieben hast und keine bestimmte Antwort erwartest. Wenn du nämlich wahre Führung erhalten willst, dann ist es wichtig, dass du dich nicht auf eine bestimmte Antwort festlegst oder unbewusst versuchst, die Antwort irgendwie zu beeinflussen.

Dann formuliere selbst verschiedene Möglichkeiten und versuche in dir zu spüren, welche sich am richtigsten anfühlt. Versuche, die Alternativen zu visualisieren, und zwar so präzise wie möglich, denn wenn deine Gedanken nicht klar sind, dann kannst du auch keine klare Antwort bekommen. Stecke eine Menge Willenskraft in diesen Akt der Visualisierung der verschiedenen Möglichkeiten und dann wird eine auftauchen, die eine ganz besonders positive Energie um sich erzeugt.

In diesem Prozess ist es wichtig, dass du versuchst, so neutral wie möglich zu bleiben. Wenn du dem göttlichen Bewusstsein verschiedene Alternativen anbietest, dann lege dich – auch nicht unterbewusst – auf die eine oder die andere fest. Wenn du dann eine Antwort bekommst – selbst wenn sie nicht das „Pferd" ist, auf das du gesetzt hättest – dann habe den Mut, ihr zu folgen. Nachdem sie innere Führung erhalten haben, weisen viele Menschen das Ergebnis zurück und sagen: „So wollte ich es aber nicht!" Nach und nach wird eine solche Haltung den Fluss der Führung, die du bekommst, versiegen lassen.

Ich habe einmal einen Cartoon von jemandem gesehen, der zum Himmel aufschaute und fragte: „Ist da jemand, da oben?" Und aus den Wolken heraus donnerte eine Stimme: „Ja, mein Kind, ich bin hier!" Dann fragte der Mensch: „Was sollte ich aus meinem Leben machen?" – und die Antwort war: „Ich möchte, dass du ein ehrliches und klösterliches Leben ohne Sex führst." Der Mensch war still. Dann fragte er, zum Himmel gewandt: „Und – ist noch jemand anders da oben?"

Wenn du selbst also verschiedene Alternativen formuliert hast, dann befrage dein Herz, welche von ihnen dir am besten erscheint. Befolge sie dann – aber frage immer wieder nach, um sicherzustellen, dass deine Führung dir immer noch sagt, dass dies auch die richtige ist. Anfangs kann es sein, dass du öfter Fehler machst und deine wahre Führung nicht erkennst, aber versuche es immer weiter und lausche nach innen, und nach und nach wirst du entdecken, was deine Intuition dir wirklich sagen will.

Leider nehmen die Menschen oft eine Haltung der Anmaßung oder Starrheit ein, wenn sie meinen, dass das, was sie fühlen, eine höhere Führung ist. Bevor wir hoffen können, tatsächlich geführt zu werden, ist es sehr wichtig, demütig zu bleiben und uns der Möglichkeit zu öffnen, dass wir auch Fehler machen können. Wenn du auch andere Möglichkeiten zulässt, die Dinge zu tun, und nicht nur deine eigene, dann ist es sehr viel wahrscheinlicher, dass du auf richtige Weise geführt wirst, als wenn du überzeugt bist, dass allein dein Weg der richtige ist. Es gibt immer die Möglichkeit, dass die wahre Lösung wesentlich größer ist und eine weitere Perspektive umfasst als das, was wir uns vorstellen können.

Es gibt eine Geschichte über einen Mann, der starb und zum Himmel kam. Der heilige Petrus gab gerade den Neuankömmlingen eine kleine Einweisung und brachte den Verstorbenen zu etwas, was „Der himmlische Schrottplatz" genannt wurde. Es war ein Ort, wo all die Dinge gesammelt wurden, die von den Menschen auf der Erde nicht gewollt worden waren. Nachdem er einige wirklich wundervolle Dinge dort entdeckt hatte, sagte der Mann voll Erstaunen: „Aber das ist doch nicht möglich! Sieh mal, den Rolls Royce da drüben! Wie kann jemand den nicht haben wollen?"

Der heilige Petrus sagte: „Das ist ja interessant, dass du ausgerechnet nach dem fragst, denn der Mensch, der den einst nicht haben wollte, warst du!" Der Mann war schockiert. „Aber das ist doch nicht möglich!", rief er erstaunt. „Wann sollte das gewesen sein?" Der heilige Petrus antwortete lächelnd: „Nun ja, immer wenn du uns um ein Auto gebeten hast, hattest du innerlich nur einen VW im Kopf."

Sich vom göttlichen Bewusstsein führen zu lassen, kann manchmal wesentlich mehr bringen, als die logischen Schlussfolgerungen des bewussten Verstandes es nahelegen.

Wenn du schon öfter versucht hast, diese Führung anzuziehen, aber bisher keine Klarheit über ein bestimmtes Thema erlangt hast – vielleicht, weil du ärgerlich warst oder dich zu sehr mit dem Problem identifiziert hast – dann ist es jetzt Zeit, dir zu sagen: „Ich bekomme offenbar keine Antwort, wenn ich mir zu viele Sorgen darum mache, deshalb werde ich mich jetzt einfach um etwas anderes kümmern. Und wenn ich dann wieder ruhig und ein ganz kleines bisschen distanzierter bin, werde ich das Thema wieder aufnehmen." Wahre Intuition kommt niemals, wenn wir emotional übererregt sind.

Wenn du Schwierigkeiten hast, wahre Führung zu erlangen, ist es außerdem wichtig, dass du erkennst, dass es manchmal einfach nicht der richtige Zeitpunkt ist, um eine Antwort zu bitten. Manchmal muss man erst andere Dinge klären, bevor in einem bestimmten Punkt Klarheit entstehen kann. Wenn es so ist, dann ist es hilfreich, die Frage dem göttlichen Bewusstsein zwar zu stellen, aber nichts zu erwarten. Habe einfach Vertrauen, dass die Antwort schon kommen wird, und zwar dann, wenn es richtig für dich ist.

Ein Weiser hat einmal gesagt: „Um Führung zu bitten ist wie die Aussaat eines Samenkorns. Wenn du jeden Tag den Boden umgräbst, um zu sehen, ob es schon gekeimt ist, wird es niemals keimen können." Pflanze deshalb die Samen deiner Frage in den Boden deines göttlichen Bewusstseins und dann lass sie keimen, wenn es für sie der richtige Zeitpunkt ist.

Ein weiterer, sehr wichtiger Aspekt ist, dich offen dafür zu halten, was andere zu sagen haben. Bitte einen Freund um Führung, besonders jemanden, dem du vertraust und der dir seinen Sinn für ein gutes Urteil mehrmals schon bewiesen hat. Ich hatte beispielsweise eine Freundin, die mir eine große Hilfe war, als ich meine Musikstücke schrieb. Sie hatte ein sehr gutes Ohr dafür, wenn etwas sich einfach nicht richtig anhörte. Ich rief sie gewöhnlich an, wenn ich an einem neuen Stück arbeitete, und dann sagte sie vielleicht so etwas wie: „Das ist wirklich sehr schön, aber kannst du diesen Reim noch ein wenig klarer ausdrücken?" Dann arbeitete ich daran und fand plötzlich heraus, dass alles in der Tat wesentlich besser klang.

Bei aller Offenheit für die Eingebungen anderer jedoch verliere nicht dein eigenes Zentrum oder das Gefühl dafür, was sich für dich richtig anfühlt. Wenn du immer wieder alle Menschen fragst: „Was soll ich tun? Was glaubst du, was richtig ist? Ich weiß wirklich einfach nicht, was ich tun soll!", dann kann es sein, dass du letztlich gar nichts tust. Wie jemand einmal sagte: „Sei nie so offen, dass du den Verstand verlierst." Wenn wir uns verhalten wie die Wetterhähne auf einem Kirchturm, die bei jedem Windhauch ihre Bewegungsrichtung ändern, werden wir nie in Kontakt mit unserer wahren Führung kommen.

Erinnere dich, dass die Arbeit an der Intuition nicht einfach eine Montagsnachmittagsbeschäftigung ist – sie ist etwas für jeden Tag der Woche, das ganze Jahr lang. Wenn wir nur dann um Führung bitten, wenn wir in einer Krise sind, dann sind die Chancen gering, dass wir in der Lage sind, auch klare Antworten zu bekommen. Es kann dann trotzdem geschehen, aber sehr viel öfter geschieht dies Menschen, die sich ihrer inneren Führung gegenüber immer offen halten und die dann in einer Krise auch den inneren Kanal öffnen können.

Versuche darum bewusst an deiner Intuition zu arbeiten, jeden Tag, immer. Dann wirst du entdecken, dass sie dir wirklich bei allen Aspekten deines Alltags helfen kann. Zum Beispiel bei deiner Arbeit: Wenn du etwa versuchst, eine gute Entscheidung zu treffen, ob du jemanden einstellen sollst, dann versuche, dir die Augen dieses Menschen in deinem Augenbrauenpunkt vorzustellen. Dann spüre in dein Herz, welche Eigenschaften von den Augen dieses Menschen ausgehen. Wenn du ausreichend ruhig und konzentriert bist, dann wirst du in deinem Herzen eine positive, negative oder neutrale Reaktion bemerken. Manche Menschen sind auf den ersten Blick sehr freundlich, aber wenn du auf sensible Weise in ihre Augen schaust, denn siehst du manchmal, dass in ihrem Bewusstsein etwas nicht stimmt.

Das göttliche Bewusstsein in dir anzuzapfen ist so, als ob du deinen inneren Computer in eine riesige Datenbank einloggst: Es gibt dir Zugang zu grenzenlosen Möglichkeiten und Lösungen. Aber dich in deine innere Führung einzustimmen, ist nicht nur eine mechanische Handlung, so, als ob du im Internet irgendeine Information abfragst. Das göttliche Bewusstsein ist sich seiner selbst bewusst und achtsam. Je mehr du versuchst, dich damit in Einklang zu setzen, desto mehr wird es auf deine Bedürfnisse antworten und dir all die Antworten schenken, die du brauchst.

# Kapitel 3

# Lerne deiner Intuition
# zu vertrauen

Wie können wir lernen zu erkennen, wann wir eine echte Führung empfangen haben? Diese Frage zu beantworten, ist fast unmöglich, denn es gibt hier keine Sicherheit. Es ist eine subjektive Erfahrung – ähnlich wie der Kunstunterricht. Man kann einem Menschen alles über das Malen beibringen, außer, wie man ein großer Künstler wird. Das ist etwas, was man nicht in Worte fassen kann.

Es gibt viele Kunststudenten, die alle dieselben Seminare bei denselben Professoren besuchen. Aber nur einer unter ihnen wird vielleicht eines Tages als großer Künstler angesehen werden, während alle anderen mittelmäßig bleiben. Die innere Essenz jeder Aktivität kann einfach nicht vermittelt werden, sondern nur im Studenten selbst, in seinem eigenen Inneren und in seinem Gefühl entstehen.

Ich habe das selbst vor vielen Jahren erlebt, als ich anfing, Gesangsunterricht zu nehmen. Meine Lehrerin sagte zu mir: „Deine Stimme ist das einzige Instrument, das man nicht sehen kann, deshalb kann ich dir nur beibringen, wie man es benutzt. Aber wenn du auf korrekte Weise singst und versuchst, dich in Einklang mit der Art und Weise zu setzen, wie und wo ich meine Stimme setze und stütze, dann wirst du nach und nach in der Lage sein, dies auch zu tun." Sie sang dann eine Note und forderte mich auf, sie zu wiederholen. Dann sang sie wieder diese Note und ich musste sie wieder wiederholen. Dies ging monatelang so weiter und obwohl ich Fortschritte machte, war sie immer noch nicht mit mir zufrieden.

Schließlich, nachdem sechs Monate vergangen waren, unterbrach sie mich mitten in einem Lied und rief mit großer Befriedigung aus: „Diese Note! Genau so sollten all deine Noten klingen!" Und in diesem Augenblick *spürte* ich innerlich, was sie die ganze Zeit versucht hatte, mir über Stimmsetzung beizubringen. Es war ein großes Geschenk, von einer solchen Lehrerin unterrichtet zu werden, denn sie schenkte mir ein echtes Verständnis davon, wie ich meine Stimme einsetzen kann.

Die Fähigkeit, innerlich zu wissen, was bei irgendeiner Unternehmung wirklich funktioniert und was nicht, ist teilweise das Ergebnis von Erfahrung. Jemand, der lange Zeit irgendeine Aktivität ausführt, wird meist automatisch wissen, welche Entscheidung er in einem bestimmten Moment treffen soll, denn Erfahrung verfeinert den Zugang zur Intuition. Ein Manager, der jahrelang in seinem Bereich gearbeitet hat, wird augenblicklich wissen, was er tun soll, weil seine Erfahrung ihm ein intuitives Gefühl dafür vermittelt hat. Er wird erkennen, was der richtige Weg ist, nicht nur, was möglicherweise richtig ist. Und obwohl ein solches Gespür jemand anderem nur schwer zu vermitteln ist, wirst auch du nach und nach ein Bewusstsein dafür entwickeln, wie sich das Gespür für das Richtige in dir anfühlt.

Dieses Fühlen und Spüren kann sehr subtil sein und etwas, was jeder von uns auf ganz einzigartige Weise wahrnimmt. Und selbst nach diesen vielen Jahren, in denen ich versuche, mich auf die innere Führung einzustimmen, gehe ich nach wie vor sehr vorsichtig damit um. Wenn Menschen anfangen, mit ihrer Intuition zu arbeiten, habe ich oft die Erfahrung gemacht, dass sie manchmal zu bestimmend sind. Sie sagen dann Sätze wie: „Ich weiß einfach, dass das richtig ist. Meine innere Führung hat es mir gesagt." Ich tendiere dazu, ziemlich skeptisch zu sein, wenn jemand sich so ausdrückt, denn wenn du wirklich etwas fühlst und dies in dir ganz sicher ist, dann brauchst du es nicht in die Welt hinauszupusten. Es ist viel besser, wenn du dieses Gefühl für dich behältst und still versuchst, weiter in dich hineinzuhorchen, um zu erkennen, was diese innere Stimme dir noch erzählt.

## Wonach du suchen solltest

Als Allererstes versuche zu erkennen, wie sich das innere Spüren anfühlt, das dir wahre Führung anzeigt. Achte dabei auf drei Eigenschaften: Ruhe, Klarheit und Freude. Intuition basiert immer auf einem tiefen Gefühl der Ruhe und Abgeklärtheit. Wenn du versuchst, dich mit dem göttlichen Bewusstsein in Einklang zu setzen, dann frage dich, ob die Führung, die du erhalten hast, dich unruhig oder aufgeregt macht. Wenn dies der Fall ist, dann ist es sicher, anzunehmen, dass du dich in Wirklichkeit in deine eigenen Sehnsüchte verrannt hast. Versuche, echte Führung mit einem Gefühl ruhiger Akzeptanz in Verbindung zu bringen. Wenn du eine solche Antwort bekommst, dann solltest du weniger denken: „Ja, JA, JAAAA!", sondern eher: „Was immer es ist, es berührt mich persönlich nicht."

Du wirst eine Kraft in deinem Inneren fühlen, die sich mit innerer Ruhe paart, aber sie ist gleichzeitig sehr beständig. Wenn du merkst, dass du innerlich rauf und runter hüpfst und dich aufregst, wobei du vielleicht denkst: „Oh, mein Gott, ich habe eine innere Führung erhalten! Das ist vielleicht irre!", dann solltest du das eher infrage stellen.

Das Zweite, was du mit wahrer Intuition in Verbindung bringen solltest, ist ein Gefühl von Klarheit. Wenn du dir unterschiedliche Möglichkeiten vorstellst oder wenn sich dir deine innere Führung in einem Traum zeigt, dann ist wichtig, dass du zwischen den Einflüssen des Unterbewussten und denen des Überbewussten unterscheiden kannst. Unterbewusste Bilder tendieren dazu, eine gewisse Undeutlichkeit oder Bewölkung aufzuweisen, und die Farben darin zeigen sich trübe oder schlammig. Diese Zeichen zeigen an, dass sie Projektionen des unterbewussten Verstandes sind und dass du ihnen nicht trauen kannst. Bei Erfahrungen des Überbewussten, des göttlichen Bewusstseins, dagegen sind die Farben sehr klar, rein und strahlend, und die Bilder sind klar oder sogar scheinend. Die

Klarheit der Farben und Bilder sind echte Hinweise, dass sich dir hier eine wahre Intuition zeigt.

Letztlich, achte auf ein Gefühl innerer Freude. Die Basis dieser Art Freude sollte jedoch ruhig und still sein, außerdem zutiefst neutral. Wenn sie dazu führt, dass du dich emotional aufregst, dann spiegelt sie wahrscheinlich nur die vorübergehende Glückseligkeit wider, die entsteht, wenn deine Sehnsüchte erfüllt werden. Wahre Führung jedoch trägt eine Freude in sich, die dich nach innen bringt, und führt nicht dazu, dass du außer dir gerätst. Wie ein Energiestrom sollte diese Art Freude dein Bewusstsein nach innen und oben führen – nicht nach innen im Sinne von Selbstgefälligkeit, sondern aufwärts mit einem Gefühl himmelhoher Freiheit.

Wenn du nach und nach deine Fähigkeit zur Erkenntnis deiner Intuition verfeinerst, ist es weiterhin wichtig, deine Führung immer wieder zu überprüfen. Wenn möglich, triff keine lebenswichtigen Entscheidungen allein auf der Basis deiner Intuition. Es ist besser, dass du mit kleinen Entscheidungen anfängst und deine Fähigkeit nach und nach erprobst. Du kannst vielleicht damit anfangen zu bemerken, wann sich ein gewisses Gefühl einstellt, und dann, ob Dinge positiv verlaufen, wenn du diesem Gefühl folgst. Und dann gibt es ein anderes Gefühl, eins, das weniger still und weniger klar ist. Anfangs denkst du vielleicht, dass dies auch richtig ist, aber im Laufe der Zeit wirst du es von dem anderen unterscheiden können und merken, dass dieses Gefühl dir eine falsche Führung anzeigt. Nach und nach wirst du diese Unterschiede deutlicher spüren, weil du deine Erfahrungen damit machst. Du wirst anderen vielleicht nicht erklären können, wie es kommt, dass du es weißt, aber wenn du gelernt hast, deine echte Führung zu erkennen, wenn sie da ist, dann kann es nicht mehr danebengehen.

Eine andere Art, deine Intuition zu erkennen, besteht darin, ihr einfach zu folgen und wahrzunehmen, wie deine Reaktionen darauf sind. Wenn du das Richtige tust, dann wird dein inneres Gefühl nach und nach stärker und klarer werden, während du handelst. Und wenn du überhaupt keine innere Führung erfährst, dann ist es manchmal besser, einfach irgendetwas zu tun, statt gar nichts zu machen. Aber wage dich nicht zu weit nach vorn – mache kleine Schritte. Du wirst merken, dass die Energie zu fließen beginnt, wenn du etwas Kleines tust. Und wenn das geschieht, dann wird die innere Führung nach und nach deutlicher.

Und es gibt noch eine andere Methode, die bei mir immer wieder gut funktioniert hat. Wenn du dir unsicher bist, ob du Führung empfängst, dann versuche innerlich „Nein!" zu dem zu sagen, was du empfängst und es wegzuschieben. Wenn die Führung mit einer starken Energie trotzdem zu dir zurückkommt, dann kannst du davon ausgehen, dass da wahrscheinlich mehr in dir arbeitet als nur deine eigenen Gedanken.

## Ohne Erwartungen sein

Wahre Führung stellt sich ein, je nachdem, wer du bist und um was du gebeten hast, aber sie drückt sich nur selten in absoluter Weise aus. Es ist unwahrscheinlich, dass ein Mathematiker Führung in Form von Bildern über das richtige Farbgleichgewicht bei einem Gemälde erhalten wird. Es ist wahrscheinlicher, dass er Führung beispielsweise in Form von Informationen über Zahlenverhältnissen empfängt. Und wenn er englisch spricht, dann wird die Führung wahrscheinlich in Englisch zu ihm kommen.

Deine Intuition spiegelt immer deine persönliche Perspektive wider. Wenn wir also mit einer bestimmten handlungsleitenden Frage beginnen, dann wird unsere innere Führung uns auch auf diesem Kanal antworten. Wenn ich beispielsweise versuche, ein Musikstück zu schreiben, dann führt mich meine Intuition in den Bereich der Musik und füttert mich nicht damit, wie ich am besten eine neue Auffahrt bauen soll. Wenn sie aber damit kommt, dann schiebe ich sie beiseite, denn das ist nicht das, wonach ich wirklich suche.

Verschiedene Menschen können manchmal in sehr unterschiedlicher und scheinbar sogar gegensätzlicher Weise geführt werden, weil ihre Interessen und Bedürfnisse sich unterscheiden. Es gibt eine seltsame Geschichte aus dem Leben von Paramhansa Yogananda, als er noch jung war und in Indien lebte. Da er ein sehr dynamischer junger

Mann mit einem großen Magnetismus war, sahen viele Menschen in ihm einen zukünftigen Führer. Einst forderte ihn eine Gruppe junger Inder auf, eine Revolte gegen die Briten zu unternehmen und sie dabei anzuführen. Er antwortete: „Nein, Gott wird Indien schon befreien und wir werden dies alle noch erleben. Und es wird friedlich geschehen." Durch seine Praxis der Meditation wusste er intuitiv, dass seine Bemerkung der Wahrheit entsprach. Und als ein Mitglied der Gruppe ihn bedrängte, dass er noch einmal darüber nachdenken sollte, antwortete Yogananda: „Nein, für mich fühlt sich das nicht richtig an. Aber bei dir ist es etwas anderes – es ist dein Karma, deshalb folge ihm." Und so entschloss sich dieser junge Mann, die Gruppe bei ihrem Plan der Bekämpfung der Briten anzuführen.

Die Deutschen schickten eine große Waffenlieferung, die im Hafen vor Kalkutta in der Bucht von Bengalen ankam. Die Gruppe plante, mit diesen Gewehren viele Menschen zu bewaffnen und so einen Aufruhr zu starten. Aber die Gruppe wurde verraten und die Briten erfuhren von dem Vorhaben. Als das Schiff in den Hafen einfuhr, wurde die Waffenlieferung beschlagnahmt und alle Menschen, die an dem Aufruhr beteiligt waren, wurden gefangengenommen und hingerichtet.

Jahre später, als Yogananda unserer Gruppe diese Geschichte erzählte, fragte ich ihn: „Warum hast du ihm dann gesagt, er solle mitmachen, wenn du schon wusstest, was die Folge sein würde?" Yogananda antwortete: „Es war sein Karma." Yogananda, der ein unglaublich großes Mitgefühl dem Leiden anderer Menschen gegenüber hatte, war nicht gleichgültig dem Schicksal dieses Mannes gegenüber.

Aber er versuchte uns nahezubringen, dass jeder Mensch bestimmte Lektionen zu lernen hat und dass sich diese sehr voneinander unterscheiden, je nachdem, welches Karma wir individuell tragen.

Was er gesagt hatte, war genau die richtige Führung für diesen jungen Revolutionär, denn er erfüllte damit seine Bestimmung. Aber für Yogananda wäre es falsch gewesen, sich daran zu beteiligen – nicht, weil so sein Überleben gesichert war, sondern weil seine Bestimmung in einer anderen Richtung lag. Für diese Gruppe war es genau das Richtige gewesen, aber ihre Handlungen waren nicht dazu angetan, Indien die Befreiung zu bringen.

Glaubt darum nicht, dass es notwendigerweise immer das Richtige für alle ist, wenn ihr zu irgendetwas geführt werdet. Haltet euch offen für die Tatsache, dass jemand anderes vielleicht einen ganz anderen Weg einschlagen muss und wird. Wenn Menschen mir etwas anbieten, was sie für einen guten Ratschlag halten, dann kann ich manchmal erkennen, dass dies vielleicht für sie funktionieren, für mich aber in einer Katastrophe enden würde. In diesem Fall antworte ich ihnen: „Diese Führung mag für dich richtig sein, aber es gibt bestimmte Dinge, die ich lernen muss und deshalb werde ich mich anders entscheiden."

## Negative Zeichen,
## die du beachten solltest

Wenn du um Führung bittest, versuche dir darüber bewusst zu sein, ob du ein Gefühl blockierter Energie spüren kannst – ein Gefühl von feinstofflichem Widerstand, den du nicht wirklich überwinden kannst. Achte wirklich gut darauf und versuche nicht, dich selbst darüber hinwegzusetzen. Die Stimme der Intuition ist gewöhnlich sehr still und ruhig, deshalb ist es oft sehr leicht, sie zu ignorieren oder abzuschalten. Lausche deshalb auf das kleinste Wispern und sei darauf vorbereitet, ihm zu folgen, denn oft ist es die leiseste Stimme von allen, die das Richtige kommuniziert.

Wenn du in Bezug auf eine Handlungsweise ein Gefühl von Nervosität oder Gereiztheit in dir spürst, dann ist es besser, nicht weiterzumachen. Das bedeutet nicht notwendigerweise, dass du das gesamte Projekt aufgeben solltest, sondern vielleicht ist es nur nötig, dass du bestimmte kleine Änderungen vornimmst. Ich kann mich gut an ein Erlebnis erinnern, dass ich hatte, als ich einen Brief an jemanden schrieb, der mich um Rat gebeten hatte. Ich versuchte meine Antwort aus meiner inneren Führung heraus zu schreiben, damit ich mich auf das einstimmen konnte, was dieser Mensch wirklich von mir hören musste. An einem bestimmten Punkt begann ich, ein neues Element in diesen Brief einzuführen und sobald ich das tat, spürte ich ein Gefühl von Nervosität im Herzen. Ich dachte: „Vom logischen Standpunkt aus betrachtet scheint hier alles richtig zu sein, aber es fühlt sich irgendwie nicht richtig an." Und sobald ich dieses Element aus dem Brief gestrichen hatte, fühlte ich mich wieder ruhig und beendete so den Brief.

Ein anderes Signal, das du beachten solltest, ist die Wirkung deiner Führung auf andere Menschen. Wenn sie sich für dich richtig anfühlt, aber eine Disharmonie in deiner Umgebung verursacht, dann ist die Ausrichtung wahrscheinlich falsch. Um das besser zu verstehen, kann es hilfreich sein, folgende Unterscheidung zu treffen: Ist es die Führung selbst, die hier das Problem verursacht, weil sie einfach nicht stimmt, oder kommt die Disharmonie daher, dass andere sie einfach nicht verstehen?

Wenn Jesus sein Leben betrachtet und darauf geachtet hätte, was er bewirkt hatte, dann hätte er vielleicht gesagt: „Oh, Gott, ich habe wirklich einen Riesenfehler gemacht, als ich versucht habe, der Menschheit zu helfen. Schau dir mal die Disharmonie an, die ich so erzeugt habe." Aber in Wirklichkeit waren es diejenigen, die ihn verfolgten, die diese Probleme erzeugten – seine Handlungen hatten keinerlei Disharmonie verursacht.

Wenn dagegen das, was du tust, die Disharmonie verursacht, dann solltest du deine Intuition zumindest infrage stellen. Wenn du die Reaktionen der anderen überprüfst, erinnere dich auch daran, dass die Meinungen mancher Menschen mehr zählen als die anderer. Achte deshalb vor allem auf die Reaktionen von Menschen mit einem klaren, neutralen Geist. Es kann sein, dass du die ganze Welt auf deiner Seite hast, aber wenn jemand, dessen Weisheit du vertraust, das, was du tust, nicht unterstützt, dann solltest du deine Führung zumindest in Zweifel ziehen.

Ich erinnere mich an einen Zwischenfall in meinem eigenen Leben, bei dem Disharmonie eine Rolle spielte, als ich versuchte festzustellen, welcher Führung ich nun folgen sollte. Mein spiritueller Lehrer, Paramhansa Yogananda, plante, mit einer kleinen Gruppe von uns Schülern nach Indien zu fahren, sagte uns aber, dass wir über diese Pläne mit niemandem sprechen sollten. Ein anderer Schüler, der nicht Teil dieser Gruppe war, schaffte es, mir weiszumachen, dass er schon von den Plänen gehört hatte, obwohl er dies in Wirklich nur vermutete. Er zog mich beiseite und sagte: „Weißt du, ich habe schon von dieser Reise gehört und ich weiß alles darüber." – „O.k.", sagte ich, „wenn du es sowieso schon weißt," – und ich fing an, über die Pläne mit ihm zu diskutieren.

Der Mann wurde ziemlich wütend, als er davon hörte, und ging direkt zu Yogananda, um sich zu beschweren. „Wie kannst du mich hier zurücklassen, wenn meine Gesundheit doch so schlecht ist?", fuhr er Yogananda an. Da auf diese Weise eine Disharmonie in der Gruppe entstand, sagte Yogananda die ganze Reise ab. Er erklärte uns: „Ich habe um ein Zeichen gebetet, ob wir nun nach Indien fahren sollten oder nicht. Und als dieser Schüler so wütend zu mir kam, habe ich gemerkt, dass wir besser nicht fahren sollten." Kurze Zeit zuvor hatte Yogananda uns gesagt: „Ich werde erst wissen, ob wir wirklich fahren sollen, wenn ich meinen Fuß auf dieses Schiff setze," – was bedeutete, dass er sich selbst nicht sicher war, ob diese Reise nun wirklich durchgeführt werden sollte. Er wartete also auf ein Zeichen. Und dieses zeigte sich in Form einer Disharmonie in der Gruppe, die so entstand.

## Ganz individuelle Zeichen

Manche Zeichen, denen man bei seiner Führung folgen sollte, sind ganz individuell. Eine hochintuitive Frau, die ich kannte, erzählte mir einst, dass jedes Mal, wenn einer ihrer Verwandten starb, ein Vogel gegen ihr Fenster flog und versuchte, hineinzukommen. Diese Art Vorkommnisse sind eher selten und zeigen sich bei den meisten Menschen nicht, aber bei ihr geschah es eben. Die Welt tendiert dazu, das zurückzuspiegeln, was wir an Erwartungen aufgebaut haben.

Einst besuchte ich einmal einige Freunde in Sedona, Arizona, und eine indianische Apachenfrau war auch in dem Haus zu Gast. Als wir uns zusammensetzten und miteinander sprachen, bemerkte ich, dass sie still in einer Ecke saß und ein angezündetes Streichholz in der Hand hielt. Wir waren alle mit unserer Unterhaltung beschäftigt und ich achtete deshalb nicht weiter darauf, was die Frau tat. Aber irgendwann sagte sie plötzlich zu mir: „Ich sag dir was. Du hast eine verdammt große Menge Willenskraft – ja wirklich, zu viel Willenskraft!"

Sie hatte meine Willenskraft mit einer ungewöhnlichen Methode getestet, die bei ihr funktionierte. Sie hatte ihren

eigenen Willen eingesetzt und versucht, die Streichholz-
flamme in meine Richtung zu lenken, was sie gewöhnlich
bei anderen Menschen auch schaffte. Aber ohne dass ich
auch nur wusste, was sie da tat, war die Flamme immer
wieder zu ihr zurückgekommen. Für sie war dies ein Mittel, mit dem sie sich Einblick in die Seele eines anderen
Menschen verschaffte.

Es ist faszinierend, wie unterschiedliche Zeichen bei
verschiedenen Menschen arbeiten. Versuche dir darum bewusst zu werden, welches die äußeren Zeichen sind, die
dich lenken, und überprüfe sie immer wieder, um zu sehen, ob sie sich wirklich immer wieder als wahr erweisen.
Damit können sie zu deinem persönlichen Handwerkszeug
werden, mit dem du Führung erlangen kannst.

## Achte auf deine Tradition

Es ist auch wichtig, dass du deine Intuition im Lichte deiner Tradition empfängst und dass du die Wirklichkeiten
ehrst, die sich für dich immer als wahr erwiesen haben.
Wir können uns kein neues Wahrheitsmodell aufbauen, das
unser Verhalten lenken soll. Wie unsinnig wäre es doch, zu
denken: „Lügen ist gerade groß in Mode, deshalb habe ich
beschlossen, vom heutigen Tag an unehrlich zu werden."
Sehr häufig tun Menschen Dinge einzig und allein deswegen, weil sie gerade in Mode sind. Viele gesellschaftliche
Veränderungen kommen daher, weil Menschen sich mit ih-

nen verbinden, aber die Wahrheit kann man nicht zu einer Modeerscheinung machen, der man entweder folgt oder nicht: Sie *ist* einfach, und das ändert sich nie.

Diejenigen Menschen, die sich erlauben, solchen Mode-erscheinungen zu folgen, werden wahrscheinlich nie echte Führung empfangen, weil sie viel zu sehr gewohnt sind, mit dem Strom zu schwimmen. Nach und nach verlieren sie so den Zugang zu sich, denn das bedeutet, dass sie in der Lage sein müssen, einen Schritt zurückzutreten, sich um die Meinung der anderen nicht zu kümmern und nur dem zu folgen, was sich in ihnen als echt und wahr anfühlt. Das soll nicht heißen, dass wir uns nicht darum kümmern sollten, was andere sagen. Aber wir müssen in der Lage sein zu schmecken, ob es den Geschmack der Wahrheit in sich trägt, was wir hören. Deine eigene Intuition um Rat zu bitten, ist der beste Weg, dies zu tun.

Im Laufe meines ganzen Lebens haben mich Menschen immer für einen Revolutionär gehalten, obwohl ich mich selbst nie so gesehen habe. Es stimmt schon, dass ich ge-wöhnlich keine Dinge annehme, nur weil irgendeine Au-torität sie verkündet hat, sondern ich versuche, meine ei-gene Resonanz darauf zu finden. In Wahrheit bin ich ein ziemlich konservativer Mensch, aber mehr im Hinblick auf bleibende Werte, ich folge nicht so sehr vorübergehenden Trends.

Wir müssen unserer eigenen Tradition in folgender Wei-se treu bleiben: All diese Menschen, im Lauf der ganzen Geschichte, haben diese Wahrheiten entdeckt und haben dieselbe Wirklichkeit geteilt – sie waren niemals unter-schiedlicher Meinung darüber. Niemand ist jemals vorbeigekommen und hat gesagt: „In diesem Jahrhundert ist Gott nicht Liebe, sondern Hass!" Wenn du also entscheiden musst, ob deine innere Führung die Wahrheit sagt, frage dich: „Was haben die wirklich weisen Menschen getan?" Das bedeutet nicht, dass du einfach dem folgen solltest, was jemand sagt, nur weil er oder sie Prediger ist, oder Gelehrter oder der Präsident der Vereinigten Staaten. Aber ziehe in Betracht, was diese Menschen sagen, und frage dich: „Sind sie wirklich weise? Ist es das, was immer wieder, im Laufe all dieser Jahrhunderte, an Werten zu uns gekommen ist?" Wenn ja, dann denke nicht, dass du damit weiterkommen kannst, wenn du genau das Gegenteil tust.

Wir können nicht erwarten, eine neue Wahrheit zu entdecken, die bisher niemand anderes schon formuliert hat, denn das ist unmöglich. Du entdeckst vielleicht ein neues Phänomen, aber wenn Menschen in Einklang mit ihrem eigenen höheren Selbst kommen, dann werden sich immer dieselben grundlegenden Wahrheiten zeigen, - vielleicht nur auf andere Weise. Wenn deine Führung nicht in Übereinstimmung mit der Weisheit steht, die sich im Laufe der Zeit immer wieder gezeigt hat, dann ist es zumindest vernünftig, sie infrage zu stellen.

Zum Schluss: Wenn du deine Gefühle testest, um herauszufinden, ob deine Führung wahr und echt klingt, dann verstehe, dass dies Gefühle sein sollten, die sich aufgrund äußerer Umstände nicht ändern. Sie sind nicht von äußeren Dingen abhängig, sondern in deinem inneren Selbst verankert. Die Glückseligkeit, die du fühlst, wenn du eins mit dem göttlichen Bewusstsein bist, kommt nicht daher, dass du entschieden hast, das oder das zu tun, sondern es kommt einfach daher, dass du dich in der Freude befindest, die dein eigenes Selbst ausstrahlt.

## Kapitel 4

# Die Kunst,
# deiner Intuition
# zu folgen

Das göttliche Bewusstsein ist Teil deines Höheren Selbst und des Höheren Selbst aller Geschöpfe auf diesem Planeten. Es ist eine intelligente Kraft, die durch das Bewusstsein aller Wesen wirksam ist und gleichzeitig auf die Gedanken jedes einzelnen Wesens reagiert. Wenn wir echte Führung anziehen wollen, müssen wir verstehen, dass Intuition keine feste Größe ist, sondern sich ständig weiterentwickelt – wie ein fließender Bewusstseinszustand, der sich immer anpasst, um unseren jeweiligen Bedürfnissen gerecht zu werden. Es ist aber ein ganz subtiles Fließen, dem man so folgen muss wie ein Surfer, der eine Welle reitet. Stelle dir bitte nicht vor, dass du dich auf deine Intuition einstimmen kannst, so, als ob du Antworten von irgendeiner prophetischen Stimme von oben erhalten würdest. Es geht vielmehr darum, dass du empfindsam wirst für das leise Geflüster deines Höheren Selbst.

## Bereit sein zu handeln

Im Folgenden möchte ich einige Grundlagen darstellen, die dir helfen können, deiner Intuition zu folgen und dabei gute Resultate zu erzielen. Als Erstes brauchen wir Mut, damit wir uns der Führung entsprechend verhalten, die wir erhalten. Wenn du das tust, dann erzeugst du ein energetisches Fließen, das die Tür zum göttlichen Bewusstsein immer weiter öffnet. Und wenn du dann deiner Führung immer weiter folgst, wirst du einen Punkt erreichen, wo du deine Intuition jederzeit einsetzt, auch wenn viele dies gar nicht bemerken werden.

Unglücklicherweise geschieht es oft, dass Menschen Angst davor haben, bis sie eine ganz entscheidende Bestätigung bekommen, dass ihre Führung wirklich absolut richtig ist. Dieses Zögern wirkt sich wie eine Blockade des Intuitionsflusses aus und es kann sein, dass die Führung dann irgendwann buchstäblich austrocknet. Der Intuition zu folgen und danach zu handeln ist so, als ob man Wasser aus einer natürlichen Quelle trinkt. Je mehr man sie benutzt, desto größer wird der Kanal und desto reichlicher wird der Wasserfluss strömen.

Paramhansa Yogananda hat uns eine mächtige Affirmation gelehrt, um den Mut in uns zu entwickeln, der inneren Führung auch wirklich zu folgen. Er betonte, dass man diese Worte im Laufe des Tages immer wieder sprechen solle:

„Ich werde meine Vernunft einsetzen, ich werde meinen Willen einsetzen und ich werde handeln, aber ich werde meine Vernunft, meinen Willen und mein Handeln dabei immer auf den richtigen Weg in allem lenken."

Diese Affirmation hilft uns, unser Verständnis dafür zu stärken, dass das Anziehen unserer intuitiven Führung multifunktional ist: Wir müssen den Willen zum Handeln haben, aber dabei erkennen, dass ein höheres Bewusstsein mit uns arbeitet und unsere Mühen lenkt.

Nachfolgend eine wundervolle Geschichte aus dem Leben des heiligen Franziskus von Assisi zum Thema Mut, der inneren Führung zu folgen. Als Franziskus noch ein junger Mann war und in der italienischen Kleinstadt Assisi lebte, spürte er in sich einen Ruf, dem Beispiel Christi zu folgen. Eines Tages kniete er im Gebet in der eingestürzten Kapelle von San Damiano, die kaum mehr als ein Haufen Trümmer war, und bat Jesus um Führung, wie er nun sein Leben ausrichten sollte. Als er voll Ehrfurcht vor einem großen gemalten Holzkreuz kniete, wurde das Bild auf dem Kreuz plötzlich lebendig und begann zu ihm zu sprechen: „Franziskus, baue meine Kirche wieder auf, die, wie du sehen kannst, ganz in Trümmern liegt." Es war dies eine Zeit in der Geschichte der Christenheit, in der die Kirche sehr korrupt geworden war und die Mehrheit der Christen ihren Glauben und ihre Hingabe an Gott verloren hatte.

Der arme Franziskus wurde von diesen Worten vollkommen überrascht. Denn er kniete in einer zerstörten Kapelle und er dachte deshalb, dass Christus buchstäblich meinte, er solle diese kleine Kirche wieder aufbauen. Also begann Franziskus die überaus anstrengende Arbeit, San Damiano ganz allein zu restaurieren. Es war Winter und sehr kalt und Franziskus erbettelte einzelne Steine und brachte sie nach San Damiano und mauerte sie, einen nach dem anderen, zu einer Wand hoch. Ganz langsam bekam so die kleine Kapelle von San Damiano ihre Form zurück.

Die jungen Männer aus Assisi begannen zu bemerken, was Franziskus da tat und, auch wenn einige ihn auslachten und verunglimpften, wurde andere doch von seiner Freude und Entschlossenheit tief berührt. Sie schlossen sich ihm an und arbeiteten mit ihm zusammen und gemeinsam bauten sie die Kapelle, wie man sie heute noch sehen kann, obwohl inzwischen 700 Jahre vergangen sind. Und mehr noch als nur San Damiano zu restaurieren, hatte Franziskus inzwischen begonnen, die „wahre Kirche" Christi zu erneuern, indem er den Menschen seiner Zeit einen einfachen, lebenszugewandten Glauben brachte und so die Wiedergeburt des wahren christlichen Glaubens einleitete.

Wir können uns nun natürlich fragen: „Warum hat Jesus ihm nicht direkt gesagt, was er letztlich von ihm wollte?" Aber indem er seiner Führung entsprechend handelte, setzte Franziskus den Fluss der Intuition in Gang, der nach und nach immer stärker wurde.

Warte deshalb nicht auf irgendeine Art von klarem Auftrag, erwarte keine Vision oder eine Stimme aus den Wolken, sondern habe den Mut zu handeln. Wenn du nicht handelst, dann verschließt du oft die Tür zur echten Führung, wohingegen die Energie im Prozess des Handelns anfängt, freier zu fließen. Mache dir keine Sorgen, dass du Fehler machen könntest. Wenn du wirklich mit Mut handelst, dann wirst du merken, dass sich deine Führung schon klären wird, selbst wenn du anfänglich nicht ganz den richtigen Weg eingeschlagen hast. Irgendwann wirst du erkennen, dass sich die Dinge zum Besseren gewandt haben, selbst wenn du dich völlig in die falsche Richtung verrannt hast, und dass dies noch allemal besser war als das, womit du einmal angefangen hast.

## Innere Führung kann sehr unerwartet kommen

Die Führung aus dem göttlichen Bewusstsein kann manchmal auf Arten und Weisen zu dir kommen, die du nicht unter Kontrolle hast, aber weil du darum gebeten hast, wird sie anfangen, dich zu führen. Wenn du dich auf das intuitive Fließen einstellst, dann scheinen sich Ereignisse beinahe automatisch einzustellen, und sie werden dich in die richtige Richtung bewegen.

Wenn du wirklich versuchst, der inneren Führung des göttlichen Bewusstseins zu folgen, dann wird dir dieses Bewusstsein auf wundervolle Weise helfen. Es gibt eine Geschichte, die diesen Punkt hervorhebt und die sich in der Frühphase einer spirituellen Gemeinschaft ereignet hat, die sich Ananda nannte und die ich gegründet habe.

Wir waren gerade dabei, eins unserer ersten größeren Gebäude zu entwerfen und zu bauen. Dieses Gebäude sollte für die Entwicklung der ganzen Gemeinschaft einen ästhetischen Grundpfeiler darstellen. Das neue Gebäude befand sich auf der Spitze eines Hügels, der die sichtbare Mitte des gesamten Geländes darstellte. Intuitiv fühlte ich, dass dieses Repräsentationsgebäude, wie es später genannt wurde, einen mitreißenden, erhebenden Ausdruck brauchte und so aussehen sollte wie ein Vogel im Flug. Obwohl ich schon mit mehreren Architekten zusammengearbeitet hatte, war bisher keiner in der Lage gewesen, die subtile Linienführung umzusetzen, die mir vorschwebte.

Als niemand anderes mehr verfügbar war, entschloss ich mich, die Dinge in die eigenen Hände zu nehmen. Mit einer Menge Willenskraft versuchte ich, ein Gebäude zu visualisieren, das diese aufsteigende Energie, von der ich so stark spürte, dass ich sie wollte, zum Ausdruck bringen könnte. Plötzlich „sah" ich innerlich das Bild eines wundervollen Gebäudes und zeichnete das, was ich sah, schnell auf ein kleines Blatt Papier.

Später am Tag übergab ich meine kleine Zeichnung dem Bauleiter unserer Bautruppe und fragte ihn: „Kannst du das für uns bauen?" Meine Anfrage überraschte ihn mehr als nur ein wenig. Die Planung war sehr ungewöhnlich, es gab eine doppelte Drehung im Dach, sowohl nach außen wie auch nach oben, ganz anders als die weitläufige Linie, die ein Dach ansonsten hat. Aber nachdem er meine Zeichnung intensiv angeschaut hatte, nahm er all seinen Mut zusammen und sagte. „Ich habe so etwas noch nie gemacht, aber wir können es ja einmal versuchen."

Anfangs war die Arbeit an dem Gebäude geradlinig und einfach gewesen und die Wände erhoben sich schnell in die

Höhe. Als aber dann die Arbeiten am Dach begannen, verbrachte der Bauleiter abends Stunden um Stunden damit, auszuknobeln, was er seiner Mannschaft am nächsten Tag genau sagen sollte. Er bat selbst um Führung dafür, wie er diese nächste Bauphase anleiten sollte, und er erhielt sie, aber immer nur so viel, wie es die Arbeit des nächsten Tages erforderte. Und dann kam der Tag, wo er wirklich nicht mehr wusste, wie er weitermachen sollte. Die Zimmerleute kamen, machten ein paar nicht so wichtige Arbeiten und dann schien das ganze Projekt in einer Sackgasse gelandet zu sein. Um die Energie irgendwie hochzuhalten, sagte der Bauleiter: „Okay, ich glaube, nun bleibt uns nichts anderes übrig, als zusammenzupacken und unser Handwerkszeug wegzulegen."

Genau in diesem Moment fuhr ein Wagen vor und ein Fremder stieg aus. „Was macht ihr gerade hier?", fragte er in einem sehr freundlichen Ton. Der Bauleiter redete ein wenig mit ihm und zeigte ihm dann die Pläne für das Dach. Er erklärte dem Fremden, dass sie keine Ahnung hatten, wie sie die vorgesehene Doppelkurve des Daches bauen sollten. Der Mann zögerte und wurde auf einmal sehr nachdenklich. „Das ist wirklich komisch", sagte er schließlich. „Ich bin Ingenieur und wahrscheinlich einer der wenigen Männer, die es gibt, der auf eine solche Bauweise spezialisiert ist. Ich wohne fast 700 Kilometer von hier, aber aus irgendeinem Grund hatte ich heute Morgen das unwiderstehliche Gefühl, ich sollte hierher fahren und mich umsehen."

Und zu unserem großen Erstaunen gab er uns ganz praktische Ratschläge, wie wir unsere Arbeit fortsetzen und sie beenden konnten. Als das Gebäude fertig war, war es wirklich wundervoll geworden und steht bis heute als Zeugnis dafür, wie unglaublich die Macht des göttlichen Bewusstseins all denen helfen kann, die den Mut haben, ihm gegen alle Widerstände zu folgen.

## Hindernisse und wie man sie überwindet

Anfangs, wenn du versuchst, deiner inneren Führung zu folgen, rennst du wahrscheinlich gegen Wände und Hindernisse. Wenn du beispielsweise mit einer bestimmten Energiemenge ein geistiges und emotionales Muster in einer bestimmten Richtung aufgebaut hast, dann kann es sein, dass dieses Muster als eine übersinnliche Mauer wirkt, das deine Anstrengungen blockiert und scheinbar versucht, dich in eine andere Richtung zu zwingen. Vielleicht denkst du dann: „Ich glaube, ich sollte das wirklich nicht tun!", aber die Widerstände sind vielleicht in Wirklichkeit nur da, um dich zu prüfen.

Ein Freund hat mir dazu eine amüsante Geschichte erzählt, die dies noch besser veranschaulicht. Er war ein älterer Mann und er war mit seiner Frau eines Abends bei einem Konzert in der Gemeindekirche gewesen. Als sie die Kirche verließen, stolperte er auf den Stufen und brach sich den Arm. Später sagte er mit einem Lächeln zu mir: „Und die Moral von der Geschicht'? Betritt nie eine Kirche nicht!"

Viele Menschen aber machen es genauso: Wenn sie versuchen, ihrer Intuition zu folgen, und dabei auf Widerstände treffen, dann schlussfolgern sie oft, dass sie diesem Weg nicht folgen sollen. Aber es ist im Gegenteil sehr wichtig, dass du - wenn du innerlich um Führung bittest und spürst, dass das richtig ist, was du tust – die entstehenden Hindernisse als Herausforderungen für deine Willenskraft nimmst. Paramhansa Yogananda sagt: „Versuche die Blockaden auf deinem Weg als Gelegenheiten zu sehen, noch mehr Energie in das zu investieren, was du auf deinem Weg als richtig erkannt hast."

## Die einzelnen Schritte
## kennenlernen

Denke jedoch ebenfalls daran, dass du deinen Mut zu deinem Weg **und** die konstante Bereitschaft, eventuell deine Führung um eine Korrektur deines Projektes zu bitten, im Gleichgewicht halten musst. Geh niemals davon aus, dass du schon den ganzen Weg kennst und dabei keine Fehler machen kannst. Wenn du dir deiner Sache zu sicher bist, dann richtest du dich auf deinen Horizont aus, während deine Intuition dir vielleicht nur gesagt hat, dass du bis zur nächsten Ecke gehen und dort abbiegen solltest. Überprüfe darum deine innere Führung immer wieder und lasse sie sich stets verfeinern. So wirst du irgendwann an den Punkt kommen, wo du genau spürst, wann du deinen anfänglichen Kurs verlassen und einen anderen einschlagen solltest. Es ist so leicht, Fehler zu machen, aber wenn du demütig bleibst und vermeidest, anmaßend zu werden und zu denken, du seist mit deiner inneren Führung etwas ganz Besonderes, dann wirst du in der Lage sein, dich auf das göttliche Bewusstsein einzustimmen.

Ein weiterer Punkt ist, dass du, wenn du keine klare Führung empfängst, ein wenig in die Richtung zu gehen versuchen solltest, aber nicht zu weit. Einer der größten Fehler, die ich in meinem Leben gemacht habe, passierte, als ich in einem bestimmten Moment keine klare Führung hatte und dennoch dachte: „Okay, ich werde jetzt trotzdem mit ganzer Kraft weitergehen." Die Ereignisse, die darauf folgten, brachten mir eine Menge Leid. Und obwohl meine Handlungen aus der besten Absicht heraus geschehen waren, musste ich mir selbst später eingestehen, dass ich mich nicht wirklich geführt gefühlt hatte. Ich hatte nur einfach das Gefühl, dass mein gesunder Menschenverstand mir schon das Richtige gesagt hatte, und war losgerannt, dem Horizont entgegen.

Wenn du also keine starke Klarheit empfängst, dann geh nicht die ganze Strecke. Versuche einige Schritte, aber immer mit einem ausreichenden Maß an Vorsicht und Vorläufigkeit. Dann, wenn du die richtige Führung spürst, wirst du auch in der Lage sein, sie wirklich wahrzunehmen. Gehe immer nur einen Schritt, wenn er sich nicht richtig anfühlt, aber tu nicht zu viele auf einmal. Zu viele Menschen springen vom Sprungturm, ohne überprüft zu haben, ob an diesem Tag wirklich Wasser im Pool ist.

## Gesunder Menschenverstand

Wenn du mit Intuition arbeitest, dann vernachlässige trotzdem nicht die einfachen Gebote des gesunden Menschenverstandes. Manchmal wird deine Intuition dir etwas mitteilen, das dem gesunden Menschenverstand scheinbar zuwiderläuft, aber es wäre dumm, sich deswegen gar nicht mehr darum zu kümmern. Der Geist kann viele Spiele spielen, und es ist sehr riskant, dich ausschließlich auf ihn zu verlassen, denn das Universum wird von Gesetzmäßigkeiten gelenkt, die man beachten sollte. Wenn deine innere Führung dir sagt, du solltest von einer Klippe springen, dann benutze deinen gesunden Menschenverstand und verlasse dich lieber auf das Gesetz der Schwerkraft, jedenfalls so lange, wie du nichts Eindeutigeres wahrnimmst.

Das ist wie die Geschichte eines Studenten, der sich daran erinnerte, dass sein spiritueller Lehrer ihm gesagt hatte, dass Gott in allem sei. Eines Tages ging er einen Dschungelpfad entlang, als er vor sich das Krachen eines durchgedrehten Elefanten hörte, der die Kontrolle über sich verloren hatte. Durch die Richtung des Geräusches konnte der Mann deutlich hören, dass der Elefant offenbar direkt auf ihn zurannte. Der Elefantentreiber, der, um sein Leben kämpfend, auf dem Rücken des Elefanten klebte, schrie jeden an: „Aus dem Weg, aus dem Weg! Durchgeknallter Elefant!" Aber der Mann dachte: „Mein Lehrer hat doch gesagt, dass Gott in allen Wesen ist, also muss er auch in dem Elefanten sein, ebenso wie in mir. Wie könnte Gott sich selbst verletzen?" Deshalb blieb er stehen und bewegte sich nicht, als der Elefant auf ihn zuraste.

Der Elefant warf ihn mit seinem Rüssel hoch, schleuderte ihn zur Seite und der Mann kam beinahe ums Leben dabei. Endlich war er in der Lage, wegzukriechen und fuhr direkt zurück zu seinem spirituellen Lehrer. Er warf ihm vor: „Schau, was hier passiert ist? Deine Lehren taugen alle nichts, sie sind einfach falsch!" Der Lehrer antwortete: „Ich verstehe dich nicht, was willst du mir denn sagen?" Der Schüler erläuterte: „Also, ich habe daran gedacht, dass du doch gesagt hattest, Gott sei in jedem Wesen, also, so dachte ich, musste er doch auch in diesem Elefanten und auch in mir sein. Wie konnte Gott dann sich selbst verletzen?" Der Lehrer antwortete lächelnd: „Das ist schon wahr, aber warum hast du nicht auf Gott in Form des Elefantentreibers gehört, der dich angeschrien hat, aus dem Weg zu gehen?"

## Mit anderen arbeiten

Wenn du mit anderen an einem Projekt arbeitest, dann ist es besser, deiner Intuition vorsichtig Ausdruck zu geben. Mit anderen Worten, versuche nicht, Menschen zu überreden, irgendetwas zu tun - nur, weil du eine innere Führung bekommen hast. Sie müssen ihrer eigenen inneren Führung folgen dürfen. Es kann sein, dass ich sehr stark innerlich das Gefühl habe, dass irgendetwas für mich richtig ist, aber ich werde dies immer mit Worten zum Ausdruck bringen, die dem anderen auch Raum lassen, wie etwa: „Das macht doch Sinn, was denkst du?" oder „Das scheint doch eine gute Idee zu sein – vielleicht sollten wir es so versuchen." Ich versuche dies immer so zu formulieren und ich tue gewöhnlich nichts einfach so, ohne es abgesprochen zu haben, auch wenn ich es eindeutig innerlich so gefühlt habe.

Wenn das, was du tust, andere ebenso betrifft wie dich selbst, dann lass ihnen die Möglichkeit, selbst und auf ihre Weise zu einem Verständnis kommen zu dürfen. Lass' gute Argumente sie überzeugen, bestehe nicht auf der Macht deiner Intuition. Dieser Ansatz stellt sicher, dass sich eine wesentlich größere Harmonie in den davon betroffenen menschlichen Beziehungen einstellt. Selbst wenn du eindeutig das Gefühl hast, dass das, was du fühlst, richtig ist – sogar dann, wenn es eindeutig und wirklich richtig ist – glaube daran, dass die Wahrheit sich schon zeigen wird, wenn die Sache dann so funktionieren soll. Menschen, die ein Riesending aus ihrer inneren Führung machen, sind gewöhnlich diejenigen, die eine wahre innere Klarheit vermissen lassen.

Ein anderer Grund, weshalb du nicht allzu oft mit anderen über deine intuitiven Gefühle sprechen solltest, ist der, dass wir einen gesunden Respekt vor der Möglichkeit haben sollten, uns zu irren. Wenn wir pausenlos über unsere innere Führung sprechen, dann werden andere nach und nach erwarten, dass wir wissen, was richtig ist, auch wenn wir keineswegs immer im Recht sind. Es gab beispielsweise einmal eine Zeit, in der Paare, die ich kannte und die ein Kind erwarteten, von mir wissen wollten, welches Geschlecht dieses Kind wohl haben würde. Ich erwartete nicht, dass irgendjemand mir glauben würde oder nicht, deshalb sagte ich einfach frei heraus, was ich dachte.

Nach rund einem Dutzend Mal jedoch fingen meine Freunde an zu merken, dass ich fast immer richtig getippt hatte, und erwarteten deshalb von mir, dass ich wie ein Orakel immer die Wahrheit sagen würde. Ich dachte mir: „Ich will eine solche Erwartung gar nicht schüren, denn ich bin nicht sicher, von welcher Ebene aus ich dieses innere Gefühl empfange. Es könnte einfach meine Vorstellung sein und ich könnte auch Fehler machen. Was ist, wenn sie schon Babysachen für einen Jungen gekauft haben und es dann ein Mädchen wird?" Deshalb habe ich mich von diesem Moment an geweigert, irgendetwas zu diesem Thema zu sagen, denn ich wollte die Erwartungen der Menschen nicht erfüllen, aber auch nicht frustrieren.

Wenn du allzu sehr über deine Intuition sprichst, dann tendierst du zudem dazu, sie zu verlieren. In der Arbeit mit anderen teile darum deine innere Führung als eine von mehreren möglichen Alternativen mit, nicht als absolute Wahrheit. Wenn du deine Intuition für dich behältst, dann wird sie nach und nach immer stärker werden.

## Zweifel und wie sie den Fluss blockieren können

Wir haben über die Bedeutung gesprochen, sich auch Rat von anderen zu holen, um deine innere Führung zu überprüfen, aber du wirst auf eine Schwierigkeit stoßen, wenn du dies zu sehr und zu oft tust. Ich habe die Erfahrung gemacht, dass Menschen unausweichlich mit ihren Zweifeln zu mir kommen, wenn ich versuche, ein Projekt zu beginnen. Es gibt eine Zeit, etwa zu Beginn eines Projekts, wo Zweifel gut und angebracht sind, aber von einem gewissen Punkt an ziehen sie den Geist lediglich zu einem Problembewusstsein hinunter. Zweifel zum Ausdruck zu bringen ist Teil eines anfänglichen Klärungsprozesses und es gibt eine Zeit und einen Platz dafür, aber prinzipiell „besser-nicht!" zu sagen, kann keine wirklich echte Führung vermitteln – auch wenn das Nachdenken über solche Zweifel manchmal später noch zu besseren Lösungen führen kann.

Im Lauf der Geschichte haben großartige Wissenschaftler sich immer wieder gegen die Zweifel anderer durchsetzen müssen, weil sie an die Wahrheit ihrer Intuition glaubten. Als Thomas Edison versuchte, das richtige Material für den Faden in seiner Glühbirne zu finden, stieß er auf viele Menschen, die bezweifelten, ob das überhaupt möglich sei, was er vorhatte. Aber er blieb jahrelang bei seiner Meinung, obwohl es viele gab, die „Nein" sagten, weil er innerlich spürte, dass es möglich sein *müsse*. Nachdem er mit Tausenden von Fäden experimentiert hatte, probierte er endlich Wolfram, und das war die Lösung, die er so lange gesucht hatte. Durch seine Stärke und seine innere Überzeugung war Edison in der Lage, der Welt das elektrische Licht zu schenken.

Erinnert euch an diese Prinzipien: Selbst wenn eure Handlungen in die falsche Richtung gehen, dann werdet ihr ganz sicher auf den richtigen Weg zurückgeführt, wenn ihr ernsthaft um innere Führung gebeten habt. Um uns mit dem Fluss des göttlichen Bewusstseins in Einklang zu bringen, müssen wir in einer Art und Weise leben, die unseren Mut und unsere Entschlossenheit zum Ausdruck bringt. Und wir müssen unsere Bemühungen mit der Demut und Offenheit anderen gegenüber ins Gleichgewicht bringen.

## Kapitel 5

# Wie man falsche
# innere Führung erkennt

Wir haben bisher über Techniken und Einstellungen gesprochen, die uns helfen können, uns auf unsere echte Führung einzuschwingen, aber es gibt auch Fallstricke, die wir kennen und beachten müssen. Das sind die falschen Intuitionen, die uns scheinbar Richtung und Klarheit geben, uns aber letztlich nur in größere Zweifel und Verwirrung stürzen.

Eine der großen Fallen, in die wir stürzen können, besteht darin, dass wir den Sehnsüchten unseres Egos, unseren Abneigungen und Vorlieben erlauben, unsere Intuition zu beeinflussen. Paramhansa Yogananda definierte das Ego als die Seele, die mit dem Körper und der Persönlichkeit identifiziert ist. Der gewöhnliche Mensch lebt vorzugsweise in seinem Ego-Bewusstsein, nicht in seinem Seelenbewusstsein. Er identifiziert sich mit seinem Körpertyp, mit den Charakteristika seines Gesichts, mit seinen geistigen oder emotionalen Persönlichkeitszügen und er verliert das Bewusstsein für sein göttliches Potenzial. Obwohl die Kenntnis unserer Seelennatur dennoch auf einer bestimmten Ebene in uns erhalten bleibt, vergessen wir unsere erweiterte Bewusstseinsebene und erlauben uns, in unserem begrenzten Ego-Bewusstsein zu bleiben.

## Wie Ego-Sehnsüchte
## Täuschungen erzeugen

Lasst uns nun darüber nachdenken, wie das Ego arbeitet und wie es uns bei unserer Suche nach innerer Führung in die Irre lenken kann. Die indischen heiligen Schriften identifizieren vier Aspekte unseres Bewusstseins: *mon, buddhi, ahankara* und *chitta. Mon* bedeutet Geist, *buddhi* ist der Intellekt, *ahankara* ist das Ego-Bewusstsein und *chitta* ist das Gefühl des Herzens, auch die Abneigungen und Vorlieben.

Um besser zu verstehen, wie diese Aspekte unseres Bewusstseins arbeiten, können wir uns eine Vorstellung zu eigen machen, die Paramhansa Yogananda uns vermittelt hat: Er sagte uns, wir sollten uns das Bild eines Pferdes vorstellen, das in einem Wasserbecken gespiegelt wird. Als erstes beobachtet *mon,* der Geist, lediglich das Bild des Pferdes und sieht es als eine Widerspiegelung. Der Geist spiegelt dem Bewusstsein das wider, was er durch seine Sinne erfährt, während der Intellekt definiert und abgrenzt, was der Geist da wahrgenommen hat. Der Intellekt, *bud-*

*dhi*, sagt: „Das ist ein Pferd, das ist ein Baum. Und das da drüben ist ein Mensch." Der analytische Prozess des Intellekts teilt die Welt in kleine einzelne Bestandteile auf, und so verlieren wir den Blick für die darunterliegende Einheit.

Als Nächstes kommt das Ego, *ahankara*, und teilt die Welt auf in „mein" oder „nicht mein". Es sagt: „Das ist mein Pferd." Das ist der Anfang des Prozesses der Verdrehung der Wirklichkeit, aber nicht dessen letztes Stadium. Wir werden nicht notwendigerweise von der Täuschung umfangen, wenn wir uns einfach sagen, dass die Widerspiegelung *unser* Pferd ist, denn wir können die Verantwortung für viele Dinge in unserem Leben übernehmen – für unsere Familie, für unser Heim, für unsere Arbeit – und können dennoch persönlich nicht daran gebunden sein.

Das Problem taucht auf, wenn die emotionalen Reaktionen des Herzens einsetzen, *chitta*. Das emotionale Herz sagt: „Wie *glücklich* bin ich doch, mein Pferd zu sehen!" Und plötzlich, wie ein Windhauch, der über die Wasseroberfläche streicht, wird die ganze Sache von unseren Emotionen verzerrt. Was vorher einfach ein Pferd war, wird nun in unseren Augen entweder ein wundervolles Pferd oder ein ganz besonderes Pferd oder vielleicht eine alte Mähre, die wir lieber durch ein richtiges, junges Pferd ersetzen würden. Der reaktive Prozess des Herzens, unsere Vorlieben und Abneigungen, vergrößern den Gedanken von „ich" oder „mein" und machen uns glücklich oder unglücklich, je nachdem, wie unsere Reaktion eben ist. An dieser Stelle setzt die wahre Täuschung ein, und dadurch können wir von der wahren Führung weggeführt werden.

In der Analyse dieser unterschiedlichen Aspekte des Bewusstseins spiegelt der Geist einfach wider, der Intellekt sortiert und benennt, das Ego macht eine persönliche Identifikation daraus – aber letztlich sind es die Emotionen, die die Wellen des Fühlens aufwühlen. Diese stören die ruhige Oberfläche des Wassers unseres neutralen Urteils. Deshalb: Vertraue nie deiner Führung, wenn dabei irgendeine Form persönlichen Gefühls enthalten ist! Du kannst dann niemals sicher sein, aus welchem Bewusstseinszustand diese Führung kommt. Lasst uns das noch stärker formulieren: Du kannst sicher sein, dass deine Führung falsch ist, wenn du dabei emotional zu involviert bist, denn dann haben deine Sehnsüchte sich in deine Fähigkeit eingemischt, klar und neutral zu bleiben.

Ich habe schon oft beobachtet, wie Menschen etwas für ihre Intuition halten, was in Wirklichkeit lediglich eine Projektion ihrer Sehnsüchte des Herzens ist, denn sie wollen, dass die Dinge sich in einer bestimmten Weise entwickeln. Sie denken: „Bitte zeig mir den richtigen Weg, den ich hier einschlagen soll. Aber es kann doch nur der sein, nicht wahr? Nicht wahr?!" Die mächtige emotionale Energie unserer Vorlieben und Abneigungen ist eine starke Macht, die unsere echte Intuition überlagern kann.

Erinnert euch, dass die grundlegende Technik, um die Intuition anzuziehen, darin besteht, deine Frage auf eine intensive Weise vom Punkt zwischen deinen Augenbrauen auszusenden und dann ruhig zu versuchen, die Antwort in deinem Herzen zu empfangen. Wenn die Gefühle des Herzens aber bereits von persönlichen Vorlieben und Abneigungen gestört sind, dann ist das Ergebnis vorherbestimmt. Es ist, als ob du vor Gericht stehst und den Richter bittest, ein faires und neutrales Urteil zu sprechen, während er schon lange bestochen worden ist, gegen dich zu urteilen.

Das ist der Grund, aus dem es so wichtig ist, in der Lage zu sein, die Gefühle der Ruhe und Neutralität zu erkennen, die unfehlbare Zeichen wahrer Führung sind. Sonst ist es wie in der Geschichte über die Männer, die in ein Warenhaus gingen, um einen grünen Anzug zu kaufen. Der Verkäufer, der wusste, dass er keinen grünen Anzug hatte, gab ihnen stattdessen einen grauen Anzug und sagte: „Hier, Sie können sich unter das grüne Licht hier stellen, dann haben Sie einen grünen Anzug." Wir können uns davon überzeugen, ob unsere Führung wahr ist, wenn wir wissen, wie unsere Sehnsüchte sie eventuell färben.

## Die falsche Führung
## des Unterbewussten

Das Unterbewusste kann sich auch als Quelle echter Führung maskieren. Wenn du dir erlaubst, vom Unterbewussten beeinflusst zu sein, dann wirst du sicher irgendeine Form von Wirklichkeit erleben, aber sie wird sich als falsch und irreführend erweisen, so wie die wolkigen, täuschenden Bilder, die du in einem Traum siehst. Einige unserer Träume können nämlich sehr real erscheinen, aber die wahre Prüfung dieser Traumbilder besteht darin, zu versuchen, diese unterbewussten Erlebnisse mit der objektiven Welt um uns herum in Einklang zu bringen. Sie passen eigentlich nie. Ein Zeichen für die Abweichung und manchmal Verrücktheit besteht darin, dass wir immer stärker überzeugt sind, dass unsere subjektiven Eindrücke wirklich sind, während wir gleichzeitig nicht mehr mit anderen über deren Wirklichkeit kommunizieren können.

Einer der wichtigsten Vertreter der Wissenschaft des Yoga, Patanjali, der seit Tausenden von Jahren die anerkannte Autorität in diesem Bereich ist, betont, dass „falsche Visionen" eins der Haupthindernisse darstellen, wenn man versucht, mit dem göttlichen Bewusstsein eins zu werden. Wir müssen deshalb unseren Geist fokussiert und voll Energie halten, während wir um Führung bitten, denn ein passiver Geist wird übermäßig offen für unterbewusste Bilder sein. Da er sich direkt unterhalb unseres bewussten Geistes befindet, sendet der unterbewusste Geist ständig Eindrücke nach oben, die keine vernünftige Grundlage besitzen.

Die Menschen stellen sich vielleicht vor, dass sie schon die Schlechtigkeit in einem harmlosen Satz erkennen können oder dass sie in der Lage wären, mit großer Sicherheit einen falschen Weg zu erkennen, wenn sie eine vorübergehende Blockade erleben. Dann haben sie vielleicht Visionen und sind überzeugt, dass diese real sind, aber solche Bilder sind nicht notwendigerweise suprabewusste Phänomene, sondern allzu oft auch nur einfach Halluzinationen.

Jemand hat mir einmal erzählt, dass er eine Vision von Jesus hatte, der sich ihm näherte und dabei ganz real wirkte, wie aus Fleisch und Blut. Ich fragte ihn: „Und was hat er getan?" – „Naja, wir haben uns hingesetzt und eine Zigarette zusammen geraucht", antwortete er. Das Unterbewusste kann sehr ungewöhnliche Dinge hervorbringen, denn ganz offensichtlich würde eine so große Seele wie Jesus sich nicht einfach jemandem zeigen, nur um mit ihm eine Zigarette zu rauchen.

Paramhansa Yogananda erzählte uns von einem Mann, der zu ihm gekommen war und behauptete, dass er in das göttliche Bewusstsein eintreten und mit Astralreisen in die ganze Welt reisen könne. Yogananda spürte intuitiv, dass dies nicht wahr war, aber er wollte dem Mann auch helfen, deshalb widersprach er ihm nicht. Er lud ihn stattdessen in sein Hotelzimmer ein und sagte: „Und jetzt gehen Sie in das göttliche Bewusstsein und sagen Sie mir, was Sie sehen."

Als der Mann sich hinsetzte, konnte Yogananda sehen, dass seine Augen und sein ganzer Körper in Unruhe und total zappelig waren. Es ist aber unmöglich, den Zustand des Suprabewussten zu erreichen, wenn man nicht einmal Kontrolle über seinen Körper hat. Nach einiger Zeit konnte der Mann es nicht mehr aushalten und rief aus: „Warum fragen Sie mich nicht einfach, wo ich bin?" In aller Ruhe antwortete ihm Yogananda: „Okay, also, wo sind Sie?" Der Mann antwortete mit einer tiefen, vibrierenden Stimme: „Ich bin auf der Spitze der Kuppel des Taj Mahal." Amüsierte bemerkte Yogananda: „Irgendwas muss mit Ihrer eigenen Kuppel nicht in Ordnung sein, Sie sitzen doch hier in meinem Zimmer!"

„Okay, okay, prüfen Sie mich erneut!", rief der Mann. Yogananda schlug vor: „Okay, wenn Sie zum Taj Mahal reisen können, dann können Sie ganz sicher auch einfach die Treppe hinuntergehen. Warum setzen Sie nicht all Ihre Macht ein, um hinunter in das Hotelrestaurant zu gehen, und erzählen mir, was Sie dort sehen?" Das tat der Mann, oder vielmehr, er stellte sich vor, dass er es getan hätte, und beschrieb einige Dinge im Restaurant. Er war ehrlich, hatte nur eine sehr lebhafte Fantasie und Einbildungskraft.

Yogananda, der die Macht besaß, Dinge aus Entfernung zu erkennen, beschrieb nun das Restaurant, wie *er* es sah. Unmittelbar danach gingen die beiden Männer nach unten in das Restaurant, um herauszufinden, wer nun im Recht war. Sie fanden heraus, dass das Restaurant genauso aussah, wie Yogananda es beschrieben hatte, und keineswegs so, wie der Mann gesagt hatte. Der Mann war sehr peinlich berührt und Yogananda war auf diese Weise in der Lage, ihn dabei zu unterstützen, seine Angewohnheit zu durchbrechen, unterbewusste Bilder mit der Wahrheit zu verwechseln.

Ein anderer Mann, den ich kannte, stellte sich immer vor, dass er Stimmen aus höheren spirituellen Sphären hören könnte. Diese Stimmen sagten dann beispielsweise zu ihm: „Bist du nicht froh, dass du du bist?" Und er antwortete dann gewöhnlich: „Ja, ja, ja! Ich bin so froh, dass ich ich bin!" Anfangs war ich durchaus offen der Möglichkeit gegenüber, dass diese Stimmen tatsächlich aus einer höheren Quelle kamen. Schließlich hatte es im Laufe der Geschichte immer wieder Menschen gegeben – Johanna von Orleans zum Beispiel - die von himmlischen Stimmen geführt wurde.

Ich beobachtete ihn also eine Zeitlang, und dann merkte ich, dass er, je mehr er diesen Stimmen zu folgen begann, immer negativere Einstellungen zeigte. Er wurde immer arroganter und selbstzentrierter, denn diese unbewussten Stimmen fütterten nur sein Ego. Wenn du aber im Einklang mit der Führung des Überbewussten bist, dann wirst du merken, dass du mit positiven Eigenschaften gefüllt wirst, wie Demut oder innerer Freude. Er war ein sehr trauriger Fall und am Ende ruinierten diese Stimmen sein Leben.

## Aberglauben als Falle

Ein weiteres, sehr verletzendes Ergebnis geistiger Passivität besteht darin, dass wir Zeichen im Äußeren zu viel Bedeutung beimessen. Ich kannte einmal ein Geschwisterpaar, das praktisch unfähig war, irgendetwas zu tun, weil sie so abergläubisch waren. Sie hatten vielleicht eines Abends die Absicht, in die Stadt zu gehen, aber wenn dann einer beispielsweise über eine Teppichkante stolperte, dann nahmen sie das als ein Zeichen, dass sie wohl besser nicht gehen sollten.

Viele Menschen sehen in so trivialen Dingen Zeichen, die ihre Handlungen lenken. Jede Kultur baut zudem ihren eigenen Aberglauben auf, der dann als eine Art Wirklichkeit angenommen wird. Wir alle haben schon Menschen kennengelernt, die ihrem Aberglauben folgen und beispielsweise Salz über ihre Schulter werfen, um böse Geister abzuwehren, wenn sie zufällig vorher einen Salzstreuer umgeworfen haben. Und wer kennt schon die Ursprünge solch abergläubischer Handlungen? Aber es ist wichtig, die eigene innere Klarheit zu entwickeln und sich nicht von solchen abergläubischen Glaubensformen beeinflussen zu lassen.

Manchmal geschehen wirklich sehr unerklärliche Dinge, die vielleicht eine innere Bedeutung besitzen. In der Gemeinschaft, die ich gegründet habe, befand sich das erste Grundstück, das wir erwarben, in einem wundervollen Waldstück in den Hügeln der Sierra Nevada und wir wollten hier unser Meditationszentrum bauen. Als wir jedoch anfingen, unser Material und das Werkzeug auf das Land zu bringen, um das erste Gebäude zu bauen, fielen immer wieder Bäume um, ohne dass es einen augenscheinlichen Grund dafür gab, und blockierten so den Zugang zu unserem Besitz.

Es schien, als ob die Naturkräfte uns hier abhalten wollten, uns auf diesem Land niederzulassen. Wenn wir nun abergläubisch gewesen wären, dann hätten wir das als ein schlechtes Omen genommen. Wir aber machten unbeeinflusst davon mit unserem Projekt weiter. Wir räumten die umgefallenen Bäume einfach zur Seite und gingen empfindsam mit der natürlichen Schönheit des Landes um. So bauten wir ein Meditationszentrum und andere Gebäude.

Das Meditationszentrum zog beinahe zehn Jahre lang viele Gäste an, und dann entschieden wir, es an einer anderen Stelle unseres Grundstückes zu errichten, wo wir mehr Möglichkeiten für die vielen Besucher schaffen konnten.

Das ursprüngliche Meditationsgebäude wurde als Gäste-haus für Menschen beibehalten, die sich hier zurückziehen und weniger an den zahlreichen Aktivitäten des Zentrums teilnehmen wollten. Als wir anfingen, die Dinge des Me-ditationszentrums nun zum neuen Ort zu bringen, an dem wir es errichten wollten, geschah dasselbe Phänomen wie beim ersten Mal, aber dieses Mal genau anders herum. Große Bäume fielen plötzlich um und blockierten die Stra-ße, aber nun schien es so, als ob die Naturkräfte glücklich waren, uns hier begrüßen zu dürfen und uns daran hindern wollten, zu einem anderen Ort umzuziehen.

Die Welt ist schon in einem viel größeren Maße merk-würdig, als wir erkennen können. Das Sicherste, was wir tun können, wenn es darum geht, Dinge als bedeutsame Zeichen zu interpretieren, ist, dies als eine Art Spiel zu betrachten und sie nicht allzu ernst zu nehmen. Lass lieber ein Zeichen der Führung wirklich stark werden, bevor du danach handelst, und erlaube dir nicht, bei kleinen Dingen allzu abergläubisch zu werden.

## Abhängig sein von medialen Menschen

Viele Menschen gehen zu Medien, um sich etwas über ihre vergangenen Leben erzählen oder die Zukunft vor-aussagen zu lassen, aber wir sollten sehr vorsichtig sein und prüfen, ob sie wirklich über die Fähigkeiten verfügen, die sie zu haben behaupten. Die Frage, die wir uns hier stellen sollten, ist folgende: „War das Medium in der Lage, einen wahren Zustand göttlichen Bewusstseins in sich herbeizuführen?" Ich habe neulich ein Buch gelesen, in dem der Wahrheitsgehalt von Aussagen verschiedener, sehr bekannter Medien evaluiert wurde, die alljährlich zu Rate gezogen werden, um Vorhersagen über das kommende Jahr zu machen. Dem Buch zufolge erwies sich, dass nur eine von hundert Vorhersagen zutreffend gewesen war.

Nachdem ich das Buch gelesen hatte, entschloss ich mich, meine eigene private Recherche über den Wahrheitsgehalt der Aussagen einer sehr bekannten Hellseherin durchzuführen. Ich dachte mir: „Sie hat einen so guten Ruf, die Zukunft vorhersagen zu können, deshalb werde ich mir einmal aufschreiben, was sie sagt, und dann sehen, was wirklich passiert." Im Laufe einiger Jahre fand ich heraus, dass ihre Vorhersagen nicht zutreffender waren, als wenn ich ein fünfjähriges Kind gefragt hätte, was demnächst wohl geschehen würde.

Einige Medien bauen ihren Ruf auf der Tatsache auf, dass sie wirklich *viele* Vorhersagen treffen. Wenn man genügend viele Dinge sagt, dann sind einige davon zwangsläufig richtig. Aber sehr oft sagen sie nur Dinge wie: „Aha! Ich hatte Recht, denn ich habe vorhergesagt, dass das und das geschehen würde," und sie vergessen passenderweise, all die anderen Dinge zu erwähnen, die sich nicht erfüllt haben.

Gewiss gibt es Männer und Frauen, die wahre Visionen aus einem göttlichen Bewusstsein empfangen. Mein spiritueller Lehrer, Paramhansa Yogananda, bewies uns immer wieder, dass er sowohl unsere Gedanken lesen konnte (was oft peinlich genug für uns war) als auch dass er die Zukunft wirklich vorhersagen konnte. Er tat dies jedoch in einer solch demütigen, zurückhaltenden Weise, dass man oft erst hinterher realisierte, was er gesagt hatte, und die Tiefe seines Bewusstseins erkannte.

Ein Mensch mit wahrer Vision wird dir niemals erlauben, dass du von ihm abhängig wirst. Wenn er oder sie wirklich weise ist, dann wird er dir helfen, deine eigene Intuition durch die Entwicklung deiner Willenskraft zu schulen, statt dich auf eine passive Weise abhängig von sich zu machen. Wir haben schon oft gesehen, dass Menschen, die zu Hellsehern gehen, sich von ihnen abhängig machen und wegen jeder kleinen Sache zu ihnen laufen. Wenn sie nur ein Taschentuch verlieren, dann rennen sie zu einem Hellseher, damit der es für sie finden soll.

In Indien hatte ich vor vielen Jahren ein wirklich faszinierendes Erlebnis mit Zukunftsvorhersagen. Einige Freunde hatten mich zu einem kleinen Dorf im Punjab gebracht, wo es einen Teil einer sehr alten Handschrift gab, die das „Buch von Bhrigu" genannt wurde, weil es angeblich vor tausenden Jahren von einem großen Hellseher namens Bhrigu geschrieben worden war. Diese Handschrift hatte den Ruf, die Lebensbeschreibungen vieler Menschen zu enthalten, die in der Zukunft leben würden, Menschen, die heute lebten. Der *pudit*, also der Gelehrte, der das Buch las, kannte mich natürlich nicht und dennoch gab es eine Seite, auf der mein spiritueller Name, Kriyananda, geschrieben stand. Es stand geschrieben, dass ich in Rumänien geboren worden sei, dass ich Schriftsteller und ein spiritueller Lehrer sei. Es gab wirklich viele Details, die weit über das hinausgingen, was der Gelehrte selbst gewusst haben konnte, und sie waren alle ziemlich richtig.

Da stand beispielsweise, dass mein Vater mich Jakob genannt hatte. Die meisten Menschen kennen mich unter meinem mittleren Namen, Donald, aber die wenigsten wissen, dass Jakob tatsächlich mein Rufname ist. Die einzige Art und Weise, in der dieser Gelehrte das gewusst haben konnte, hätte darin bestanden, dass er zum Innenministerium in Rumänien gefahren wäre und es dort erfragt hätte. Die Wahrscheinlichkeit, dass dieser indische Gelehrte sein abgelegenes Dorf verlassen hätte, um ein rumänisches Ministerium aufzusuchen und meinen echten Vornamen herauszufinden, war wirklich mehr als gering.

Die Handschrift sagte auch, dass ich in Amerika aufgewachsen sei und dass Yogananda mein spiritueller Lehrer sei. Weiter sagte sie, dass ich zwei Brüder hätte, aber keine überlebende Schwester, wobei eine im Bauch meiner Mutter gestorben sei. Ich hatte noch nie gewusst, dass meine Mutter eine Fehlgeburt gehabt hatte, aber als ich nach Amerika zurückkam, fragte ich sie und sie bestätigte diese Angaben.

Der Gelehrte sagte auch, dass ich innerhalb von zwei Monaten nach Amerika zurückfahren würde, obwohl ich zu der Zeit noch keinerlei Pläne für meine Rückfahrt gemacht hatte. Und tatsächlich musste ich unerwartet früher im folgenden Monat nach Hause zurückfahren. Am Ende der Seite gab es noch weitere Vorhersagen, die tatsächlich zum größten Teil zutreffend waren.

Natürlich war ich von all dem wirklich fasziniert, wollte

aber doch sicherstellen, dass es kein Trick war. Ich nahm also meine Seite, brachte sie zum Labor des Indischen Nationalarchivs und bat sie, mir zu sagen, wie alt wohl diese Seite sein konnte. Ich dachte, dass sie vielleicht eine Karbon-14-Analyse machen könnten, um festzustellen, wie alt das Manuskript war, aber sie lehnten eine solche Recherche ab, weil sie nicht ausreichend dafür ausgestattet waren. Dann fragte ich: „Können Sie mir wenigstens sagen, ob diese Seite erst kürzlich geschrieben worden ist?" Sie fragten zurück: „Was meinen Sie mit kürzlich?" und ich antwortete: „Ich habe diesen Gelehrten nur zwei Tage lang gesehen – also vor etwa einem Monat?" Sie antworteten: „Nun, das ist einfach zu beantworten. Tinte sinkt in ein Papier im Laufe der Zeit ein, sodass sie nicht weggewaschen werden kann." Also nahmen sie ein feuchtes Tuch und wischten über einen kleinen Teil der Schrift, aber die Tinte hatte sich schon tief in die Seite eingegraben. „Wir können Ihnen  nicht genau sagen, wie alt das Manuskript ist," sagten sie dann zu mir, „aber es ist definitiv älter als einen Monat."

Dann nahm ich die Seite und brachte sie zum Direktor des Nationalen Archäologischen Instituts und bat ihn ebenfalls, mir zu sagen, wie alt wohl dieses Manuskript sei. Nachdem er es ausführlich betrachtet hatte, sagte er: „Es ist nicht sehr alt." Er war es gewohnt, mit sehr alten Handschriften zu arbeiten, die 5000 Jahre und älter waren. Diese Handschrift war, so schien es, die Kopie eines Originals, von dem man sagt, dass es irgendwo in Tibet begraben liegt. Ich blieb aber bei meiner Frage und sagte: „Wie alt kann es denn sein?" Er schaute sich erneut die Seite an und sagte: „Es ist wahrscheinlich etwa 150 Jahre alt." Das war alt genug, um mich wirklich zu beeindrucken.

Einige Dinge, die das Buch über mein Leben aussagte, haben sich inzwischen auch als wahr herausgestellt, auch wenn ich zu der Zeit noch nichts davon wusste. Andere Dinge, die es über meine Zukunft vorhersagte, schienen wirklich nicht geschehen zu können, und dennoch stellten sie sich als wahr heraus. Es war wirklich eine unglaubliche Erfahrung. Dennoch fand ich heraus, dass viele Menschen sich unglücklicherweise von diesem Buch lenken ließen und es wegen allen möglichen Kleinigkeiten befragten – für sie wurde es nur zu einem weiteren übersinnlichen Phänomen. Der Nutzen der Führung durch einen echten Visionär jedoch besteht darin, dass er uns den Magnetismus lehren kann, wie wir die Intuition aus unserem eigenen Gottesbewusstsein anziehen. Das verpassen wir, wenn wir uns nur abhängig von ihm machen.

Wenn wir die Fähigkeit zu echter Führung entwickeln, dann wollen wir Erfahrung *gewinnen*, nicht *Erfahrungen machen*. Wir wollen die Art von Erfahrung erwerben, die uns hilft, wahre Intuition zu erkennen. Die falschen Führer egogesteuerter Sehnsüchte und das Unterbewusste verdunkeln unsere Intuition und lassen unser Selbst dabei zu beteiligt sein. Wahre Intuition kann niemals entwickelt werden, wenn es zu viel „ich" oder „mein" gibt. Wenn man sich auf Aberglauben oder auf Hellseher verlässt, dann schwächt das den eigenen Willen und trocknet den Energiefluss aus, der aus dem göttlichen Bewusstsein fließt. Nur wenn wir unser Bewusstsein erheben und die dynamische Energie anwenden, können wir diesen Zustand erweiterten Bewusstseins erreichen, in dem wahre Führung gefunden werden kann.

## Kapitel 6

# Meditation – Das Portal zur Führung durch das göttliche Bewusstsein

Je mehr du danach strebst, von deiner Intuition geführt zu werden, desto stärker wird der Intuitionsfluss in deinem Leben werden und desto größeren Erfolg wirst du bei jeder Unternehmung haben. Der rationale Verstand nämlich kann nur wahrscheinliche Lösungen für ein Problem ermitteln, Intuition jedoch, die im göttlichen Bewusstsein verwurzelt ist, kann dich mit klaren Antworten versorgen.

Vom Standpunkt des Überbewusstseins aus gesehen, ist das ganze Leben eine Einheit. Von einer rationalen Perspektive aus betrachtet, ist das Leben un-einheit-lich – ein überwältigendes Puzzle von unzähligen Einzelteilen, die scheinbar überhaupt nicht zusammenpassen. Für das göttliche Bewusstsein gehört alles zusammen, ist relational. Es ist nicht relativ, sondern einfach relational. Man muss zudem selbst nicht im göttlichen Bewusstsein zu Hause sein, um überbewusst *denken* zu können. Du brauchst nichts anderes zu tun, als dein Denken zu trainieren, sich auf die überbewussten Formen der Wahrnehmung einzustellen.

Denke also weniger analytisch, mehr vereinheitlichend. Konzentriere dich darauf, die Beziehung zwischen den Dingen zu entdecken, kümmere dich nicht so sehr um die Unterschiede. Sieh andere als dein eigenes größeres Selbst. Sie sind keine Fremden. Sieh sie als deine Freunde, selbst wenn sie dir äußerlich wie Fremde erscheinen. Je mehr wir erkennen, dass wir alle Teile einer größeren Wirklichkeit sind, desto deutlicher und einfacher können wir das Reich der Intuition betreten, weil wir dann nämlich wahrnehmen, dass der andere Teil unseres eigenen, höheren Wesens ist.

---

## Zusammenfassung: Die Grundprinzipien für das Anziehen der inneren Führung

Lasst uns darum noch einmal die Grundprinzipien zusammenfassen, die wir bis hierher dargestellt haben:

1. Bitte um Führung aus dem göttlichen Bewusstsein, und zwar vom Punkt deines spirituellen Auges zwischen deinen Augenbrauen aus.

2. Warte auf eine Antwort aus deinem Herzzentrum. Sei dabei vollkommen neutral. Versuche, deine persönlichen Vorlieben oder Abneigungen vollkommen aus diesem Prozess herauszuhalten.

3. Wenn du keine Führung erhältst, nenne dir selbst einige alternative Lösungen. Versuche zu erkennen, ob eine von ihnen in deinem Herzen eine besondere Resonanz hervorruft.

4. Führung stellt sich oft ein, wenn man angefangen hat, eine Vorstellung in die Tat umzusetzen, sie also in Bewegung zu bringen. Wenn du also immer noch keine Antwort in dir spürst, handle auf irgendeine Weise, die dir sinnvoll erscheint, aber lausche dabei immer wieder auf die Resonanz in deinem Herzen. An einem bestimmten Punkt – wenn du in die richtige Richtung gegangen bist - wirst du etwas fühlen, vielleicht die Unterstützung, die du gesucht hast. Wenn du aber in die falsche Richtung gegangen bist, wirst du ganz plötzlich *wissen*, dass etwas falsch ist. In diesem Fall versuche etwas anderes, bis das Gefühl der Unterstützung und Bestätigung kommt.

5. Nicht zu handeln, wenn du noch keine innere Führung bekommen hast, ist zwar einerseits gut – aber nur so lange, wie du dein Energieniveau hochhalten und deine Erwartung klar spüren kannst. Denn deine innere Führung wird von diesem Energieniveau und von deinem Wunsch, deiner Erwartung, angezogen. Wenn du also handeln musst, weil es für dich keinen anderen Weg gibt, dein Energieniveau hochzuhalten, dann tu es einfach und handle. Meist ist es besser, zu handeln und vielleicht auch einmal einen Fehler zu machen, als überhaupt nicht zu handeln.

6. Selbst wenn du innere Führung empfängst, verlass dich niemals ausschließlich auf sie. Die innere Führung mag dir nämlich, sinnbildlich gesprochen, sagen, dass du nach Norden gehen sollst, aber wenn du aufhörst, nach innen zu lauschen, kann es sein, dass du überhörst, wie sie dir an der nächsten Ecke sagt, du sollst jetzt lieber nach Osten abbiegen.

7. Nutze nie deine innere Führung, um andere von dem zu überzeugen, was du empfangen hast. Lass deine innere Führung kein Argument werden, dass man auf dich hören sollte, dass du schon „weißt". Der Fluss des göttlichen Bewusstseins ist immer demütig, niemals anmaßend. Er passt nicht zu einer Haltung, die andere entmutigt, ihre eigene innere Führung zu finden.

---

## Meditation und göttliches Bewusstsein

Wir alle haben schon Augenblicke göttlichen Bewusstseins in unserem Alltagsleben gehabt, aber eine tiefe Wahrnehmung dieses Bewusstseins kann letztlich nur dann zu uns kommen, wenn wir Räume für die tiefe Stille der Meditation schaffen. Genauer gesagt beginnt Meditation, wenn die Gedanken und Emotionen zur Ruhe gekommen sind. Es ist ein Zustand intensiver innerer Bewusstheit, ein Zustand, in dem die eigene Aufmerksamkeit nicht mehr auf die äußeren Aktivitäten des Lebens ausgerichtet ist, sondern sich ausschließlich auf die Wahrnehmung der überbewussten Erfahrung konzentriert. Meditation kann darum locker als jede Art von Praxis definiert werden, deren Ziel im göttlichen Bewusstsein angesiedelt ist. Es ist der Prozess, uns ganz neu darin zu üben, nicht von einer bewussten oder unterbewussten Ebene aus zu denken und zu handeln, sondern von der überbewussten Ebene aus.

Die wichtigste Einstellung, die man für die korrekte Ausübung der Meditation braucht, ist die des *Lauschens*. Der Geist muss aufnahmebereit, *rezeptiv* werden, denn wir können uns nicht in eine echte, tiefe Meditation hinein*denken*. Und du kannst dich auch nicht in echte Führung und Inspiration hinein*denken*. Weisheit kann man nur empfangen: Du kannst sie nicht analytisch erzeugen. Wahrheit zeigt sich und kann auch nur wahrgenommen werden in der ruhigen Achtsamkeit, die das Überbewusstsein darstellt.

Bei der Meditation also geht es nicht darum, Antworten zu bekommen: Es geht um das Wahrnehmen, um das Empfangen dieser Antworten. Darin besteht das Geheimnis wahrer Führung.

Wie wir gesagt haben: Meditation besteht darin, zu lauschen. Die wenigsten Menschen können das. Sie sind wie ein verstimmtes Musikinstrument. Weil sie nicht mehr in der Lage sind, sich auf ihr eigenes innerstes Wesen einzustimmen, stellen ihre Interaktionen mit dem Leben und mit anderen Menschen nur Missklänge her. Und sie sind der Sinfonie der Klänge in der Welt, die sie umgibt, gegenüber taub. Sie sind taub gegenüber anderen Menschen, weil sie nur Interesse daran haben, das zum Ausdruck zu bringen, was in ihnen selbst vorgeht. Sie verhalten sich wie Politiker, die ständig nur ihre eigenen Ansichten und Vorstellungen unters Volk streuen wollen. Wie Menschen, die auf einem Rennplatz auf ein Pferd setzen, wollen sie nur noch, dass „ihr" Pferd gewinnt.

Um zu verstehen, was Meditation wirklich ist, müssen wir lernen, auf das zu hören, was ist, und nicht darauf bestehen, wie es unserer Meinung nach sein sollte. Wir müssen versuchen, uns so auf die Dinge einzustimmen, wie sie wirklich sind. Meditation ist das Gegenteil davon, der Welt unseren Willen aufzuzwingen. Versuche einmal aufzuhören, und sei es auch nur einige Minuten lang, ständig Pläne und Projekte für die Zukunft zu machen. Werde dabei bewusster, nicht weniger bewusst.

Das göttliche Bewusstsein ist ein Zustand dynamischer Aufmerksamkeit. Viele Menschen haben in Augenblicken innerer Stille oder während des Schlafes schon einmal eine Ahnung von diesem Zustand erhalten. Meditation ist ein Mittel, den Geist in Einklang mit dem Überbewussten zu bringen und diesen Zustand irgendwann zu seinem eigenen zu machen. Alles, was notwendig ist, um diesen Zustand der Aufmerksamkeit zu erlangen, ist, den Nebel der geistigen Unruhe zu lichten. In der Meditation, wenn wir in einem Zustand tiefer Ruhe und Entspannung den Blick nach oben auf den Punkt zwischen den Augenbrauen richten, werden wir uns nach und nach des höchsten Aspektes unseres Wesens vollkommen bewusst.

Wir haben von der Bedeutung der inneren Haltung der Empfänglichkeit während der Meditation gesprochen. Je tiefer und bewusster empfänglich du wirst, desto tiefer und befriedigender wird deine Meditation für dich werden. Indem du empfänglich wirst, wirst du anfangen, deine Verbundenheit mit dem ganzen Leben zu verstehen. Denn wir sind wie kleine Wellen im großen Ozean des Lebens. Unsere Vorstellung vom Getrenntsein ist lediglich eine Illusion, die vom Ego-Bewusstsein hergestellt wird und von unserer Anhaftung an unsere kleinen Sorgen verstärkt wird.

Wir sind so viel mehr als die individuellen Lebensdramen, in denen wir uns immer wieder befinden. In unserer größeren Wirklichkeit sind wir der Ozean des Lebens selbst. Indem wir empfänglich für unser Fühlen und unser Mitgefühl werden, ebenso wie für unser Denken, werden wir unsere Intuition entwickeln, das Kennzeichen des göttlichen Bewusstseins.

## Wie praktizieren wir Meditation?

Meditation ist ein Zustand intensiver Achtsamkeit, die dadurch erreicht wird, dass wir unseren Geist zur Ruhe bringen und unsere Gedanken auf etwas ausrichten. Es ist eine Reise in das Zentrum unseres Seins, ein Prozess, der eigentlich so natürlich ist, dass wir Meditation nicht einmal lernen müssten. Was wir in Wirklichkeit tun müssen, ist, unsere Gewohnheit und Einstellungen, die uns davon abhalten, unseren natürlichen Zustand erweiterten Bewusstseins zu erfahren, zu verlernen. Dafür müssen wir einfach die geistige Unruhe zum Stillstand bringen, die uns, ähnlich wie Störwellen bei einem Radio, davon abhält, unser eigenes natürliches „Programm" klar zu hören. Tiefere Meditationszustände kommen auf ganz natürliche Weise, wenn wir die Schichten der Spannung und Anhaftung abschälen, die uns davon abhalten, bewusster und achtsamer zu sein.

Hier einige ganz praktische Hinweise, mit denen du schon einmal anfangen kannst:

1. **Regelmäßigkeit:** Setze dir eine Zeit und eine Zeitdauer, die du täglich für deine Meditation vorsiehst. Empfohlen werden Zeitpunkte wie der Sonnenaufgang (oder unmittelbar, nachdem du aufgewacht bist), mittags, während der Dämmerung und Mitternacht (oder ganz kurz, bevor du ins Bett gehst). Es ist am besten, wenn du mit leerem Magen meditierst oder wenigstens zwei bis drei Stunden nach einer größeren Mahlzeit.

2. **Körperliche Übungen:** Wenn du Zeit genug hast, dann mache vor dem Meditieren einige Körperübungen, um deine Energie zu wecken und Spannung loszulassen. Yogahaltungen sind dafür hervorragend geeignet. Paramhansa Yogananda hat eine wundervolle Übungsreihe entwickelt, die Energie willentlich in den Körper zieht und die er die „Energetisierungsübungen" genannt hat. Du kannst über sie mehr erfahren, wenn du die Bücher liest, die ich über unsere Meditationsform geschrieben habe. Erinnere dich daran, dass die Übungen, die man vor der Meditation macht, beruhigen und entspannen und das Nervensystem nicht anregen sollten.

3. **Der Meditationsplatz:** Wähle dir einen Raum oder teile einen kleinen Teil eines Raumes ab, wo du nichts anderes tust als meditieren. Versuche dabei den ruhigsten Fleck zu finden, den es in deiner Umgebung gibt. Wenn das überhaupt nicht möglich ist, kaufe dir Ohrstöpsel, die sich angenehm anfühlen. Auch ein Kopfhörer kann dir hier helfen. Alles, was Lärm ausschließt, ist gut. Stelle sicher, dass der Raum oder Ort nicht stickig ist – lüfte ihn einmal gut durch, bevor du mit deiner Meditation beginnst. Andererseits sollte er auch nicht zu kalt sein, ein bisschen kühl und gut durchlüftet. Bereite dir einen gemütlichen Sitzplatz. Manche Menschen mögen es auch, sich einen kleinen Altar zu bauen, als Konzentrationspunkt, auf den sie schauen können, mit einer Blume, einer Pflanze, vielleicht einem wichtigen Bild und einer Kerze. Du wirst merken, wie die Schwingungen deiner Meditation nach und nach diesen Ort durchfluten und aufbauen. Setze dich möglichst in Richtung Osten. Die Yogis sagen, dass es bestimmte natürliche Ströme gibt, die vom Osten zum Westen fließen und die uns helfen können, besser zu meditieren. Auch der Norden ist eine gute Richtung.

4. **Haltung:** Sitze möglichst aufrecht! Es macht nichts, wenn du nur auf einem Stuhl sitzen kannst, aber wenn du auf dem Boden sitzt, solltest du in einer bequemen Sitzhaltung mit überkreuzten Beinen sitzen. Zögere nicht, dich mit Kissen zu unterstützen. Wenn du auf einem Stuhl sitzt, lehne dich nicht an. Auch Meditationsbänkchen können hilfreich sein. Ganz gleich, in

welcher Sitzweise du sitzen kannst – stelle sicher, dass deine Wirbelsäule aufrecht ist, deine Brust angehoben, dein Kopf gerade, deine Augen geschlossen und deine Hände mit nach oben geöffneten Handflächen auf deinem Schoß, am besten an den Leisten, wo dein Bauch und deine Beine sich treffen. Yogis empfehlen auch, dass du deinen Meditationsplatz mit einem Tuch aus natürlichen Fasern wie Wolle oder Seide bedeckst. Sie sagen, dass dies uns vor dem Sog nach unten schützt, den die Erdströme ausüben.

5. **Zeitdauer:** Setze dir keine unrealistischen Ziele. Es ist besser, fünf bis zehn Minuten regelmäßig zu meditieren, als dich zu überfordern, denn dies baut nur deinen geistigen Widerstand auf und du wirst nur unregelmäßig meditieren. Wenn es dir mit deiner Meditation gutgeht, dann kannst du nach und nach die Zeitdauer verlängern. Es ist auch hilfreich, wenn du versuchst, einmal pro Woche eine längere Meditation zu praktizieren und mit anderen zu meditieren, besonders mit solchen Menschen, die schon mehr Erfahrung als du haben. Die Energie einer Gruppenmeditation kann dir oft helfen, länger zu meditieren, als du es allein könntest – oder würdest.

6. **Wie du anfängst:** Manche Menschen finden es hilfreich, zu Beginn ihrer Meditationspraxis ein Gebet zu sprechen und dabei um Führung zu bitten. Du kannst in jedem Fall mit einigen Atemübungen beginnen. Atme dazu tief ein, spanne den ganzen Körper an und dann

atme kraftvoll aus und entspanne dich. Mache dies zwei- bis dreimal. Übe nun einige Atemübungen: Atme ein und zähle dabei bis zu einer bestimmten Zahl, halte den Atem dann an und zähle erneut und dann atme aus und zähle wieder bis zu dieser Zahl. Die Zahl kann 8-8-8, 10-10-10, 12-12-12 oder irgendeine andere Zahl sein, mit der du dich gut fühlst. Übe diese Atemform sechs- bis zwölfmal. Dann atme tief ein, spanne den Körper an und lass den Atem mit einem Schwung gehen, wobei du deinen ganzen Körper entspannst.

7. **Halte deinen Körper still:** Du solltest dich nun entspannt fühlen, aber versuche, keine unruhigen Bewegungen mehr zu machen. Gehe ab und zu geistig durch deinen Körper, um sicherzustellen, dass kein Körperteil sich unerwartet verspannt hat. Spüre ein Gefühl von Raum und ein Gefühl von Freiheit von jeder Körperbezogenheit.

8. **Konzentriere dich auf den Punkt zwischen den Augenbrauen:** Wie bereits gesagt, liegt hier dein göttliches Bewusstsein, man nennt es manchmal auch das Spirituelle Auge. Wenn du dich an diesem Punkt konzentrierst, dann versuche es so zu tun, dass du dich weder körperlich noch geistig anspannst. Wir wollen das Spirituelle Auge einfach zum Konzentrationspunkt für unsere Aufmerksamkeit machen. Wenn deine Aufmerksamkeit abschweift und du deine Gewohnheitsmuster des Denkens, Abwägens und Planens einsetzt, die deine Aktivitäten des Alltagsbewusstseins sind,

dann wende dich sanft und wiederholt erneut dem Punkt zwischen deinen Augenbrauen zu.

9. **Beobachte den natürlichen Fluss deines Atems:** Atme tief ein und atme dann langsam wieder aus. Warte dann, bis dein Atem wie von selbst und ganz natürlich wieder in dich einströmt. Beobachte das Fließen des Atems. Wenn der Atem ganz natürlich in seinem Tempo fließt, dann beobachte die Bewegung des Atems. Dies ist *keine* Atemübung! Atme nicht willentlich ein und aus. Beobachte einfach den Atem. Achte nicht darauf, wie dein Körper atmet. Beobachte den Atem selbst. Sei dir vor allem der Pausen zwischen den Atemzügen bewusst. Erfreue dich an dem Frieden und spüre die innere Loslösung und Freiheit, die du spürst, wenn der Körper ganz ohne Atem ist. Praktiziere diese Technik, solange es dir guttut. Nach einiger Zeit, wenn du dich mehr und mehr nach innen wendest, beginne, dich am Spirituellen Auge zu konzentrieren. Dich hier zu konzentrieren, bringt deine Aufmerksamkeit stärker zum oberen Teil der Nasenbrücke, wo dein Atem den Körper betritt. Deine Aufmerksamkeit hier zu zentrieren, macht es dir leichter, deinen Atem zu beobachten, und bringt ihn gleichzeitig in Harmonie mit deiner spirituellen Achtsamkeit.

10. **Meditiere mit Freude!** Warte nicht darauf, dass die Freude von allein zu dir kommt, sondern sei von dir aus freudig. Meditation hilft dir einfach, dich zu erinnern, wer und was du wirklich bist, und zwar auf immer tieferen Bewusstseinsebenen.

**11. Bitte um innere Führung:** In diesem ruhigen, freudigen Meditationszustand sind wir nun bereit, die Technik des Anziehens der inneren, intuitiven Führung zu praktizieren. Sende deine Frage aus deinem konzentrierten, erhobenen Geist zum Spirituellen Auge und empfange die Antwort in den ruhigen Gefühlen deines Herzens. Nachdem du dein Bewusstsein in der Meditation darauf vorbereitet hast, wirst du schnelle und klare, echte innere Führung erhalten.

---

## Eine geführte Meditation

Stelle dir einen Chor vor, der aus jedem einzelnen Atom des Universums besteht – jedes von ihnen ein Individuum, aber alle gemeinsam singend, in seliger Harmonie.

Werde nun in deiner Vorstellung Teil dieses Chors, der vom Leben selbst geführt und gelenkt wird. Entscheide dich, dass du vom heutigen Tag an in Harmonie mit dem gesamten Universum singen willst. Zwinge der großartigen Hymne des Lebens nicht deine kleinen Wünsche auf – so wie du am liebsten die Klänge hören würdest. Fühle, dass alle Noten – der Vögel, des Windes, des Fließens des Wassers, des Lachens eines glücklichen Geistes – sich verbinden und gemeinsam eine vollkommene Balance und Harmonie erzeugen. Vereine deine Noten mit diesem unendlichen Klang.

Je mehr du dies tust, desto tiefer wirst du dich selbst erkennen – dass du ein Ausdruck dieser wundervollen Hymne der Unendlichkeit bist. Und du wirst wissen, dass du deinen Teil zu dieser großen Sinfonie des Lebens beiträgst und dass du es gut machst.

---

Bitte wenden Sie sich für weitere Information an:

Ananda Sangha
Snailmail: 14618 Typer Foote Road, Nevada City,
CA 95959, USA
Phone: 001-530-478-7560
Webseite: www.ananda.org
Email: sanghainfoananda.org


Für die Programme von Ananda wenden Sie sich an:

The Expanding Light
Phone: 001-800-346-5350
Webseite: www.expandinglight.org
Email: info@expandinglight.org

## Positive Kommentare zum Buch:

„Kriyananda schenkt uns hier eine warmherzige und einladende Einführung, für alle, die sich berufen fühlen, ihre größte innere Gabe zu entwickeln. Dieses hervorragende Buch wird Ihnen sicher helfen, Ihre intuitiven Fähigkeiten zu entdecken."

Sonia Choquette, Ph. D.,
Autorin von „*Deine heimlichen Helfer –
Das Geheimnis der inneren Stimmen*"

„Dieses Buch ist hervorragend! Es vermittelt in solcher Klarheit das Rätsel und die Feinheiten der großartigen Weisheit, die wir alle in uns tragen. Befolgen Sie die Anleitungen für diesen Weg der Intuition, geschrieben von einem modernen spirituellen Meister, und Sie werden in Frieden und Freude Ihr Leben verbringen!"

James Wanless, Ph. D.,
Autor von „*Intuition im Business*"

„Kriyananda bringt hier eine elegante, bodenständige Anleitung für die Entwicklung der Intuition, die unmittelbar persönliche Wärme und den Edelmut der Orientierung verbindet. Seine eigene langjährige Erfahrung in den Bereichen der Intuition macht dieses Buch zu einem vertrauenswürdigen Begleiter für all diejenigen, die anfangen, das Unbekannte für sich zu erkunden."

Penney Peirce,
Autorin von „*Die Frequenzen der Seele*"

„Nachdem ich gerade eine Situation erlebt hatte, in der ich dachte, dass meine Intuition mich gerade vollkommen im Stich gelassen hatte, bin ich froh, dieses Buch gefunden zu haben, das klarmacht, was Intuition wirklich ist, und das eine solide Anleitung vermittelt, wie man sie entwickelt. Dieses Buch ist ein exzellenter Anfang für alle, die ihre angeborenen, aber noch unterentwickelten intuitiven Fähigkeiten verstehen und besser einsetzen wollen."

D. Kate Jewiell, NAPA

„Intuition ist unser Geburtsrecht. Dieses klare und kraftvolle Buch lehrt uns, wie wir uns mit diesem unglaublichen Wissen in unserem Inneren in Verbindung setzen und es in unser tägliches Leben integrieren können. Fangen Sie einfach an: Ihr gesamtes Leben und Ihre Erfahrungen werden sich dann entscheidend verändern!"

Carol Ritberger, Ph. D.,<br>Autorin von „What Color is your Personality?"

Endlich ein Buch über Intuition, das wirklich funktioniert! Dies ist bei weitem die klarste, präziseste Einführung in dieses wichtige Thema, das ich jemals gelesen habe. Die hier vermittelten Techniken werden Ihr Leben verändern."

Jyotish Novak,<br>Autor von „How to Meditate"

# Weitere Bücher aus dem Verlag Via Nova:

## Der Aufstieg der Seele
### Meditationsübungen des Raja-Yoga
### Swami Kriyananda

Paperback, 240 Seiten, ISBN 978-3-86616-298-3

Wer sich auf die Übungen dieses ungewöhnlichen Buches einlässt, ganz gleich ob Anfänger oder Fortgeschrittener, der kann mit dem
hier erstmals vermittelten Wissen zu höchstem
Bewusstsein gelangen. Die detaillierten, praxis-
nahen Beschreibungen sowie die sehr konkreten
Meditationsanleitungen aus der Tradition des
Raya-Yogas führen den Leser Schritt für Schritt
zum Erwachen des Geistes. Auch die Auswirkungen auf die Physiologie
sowie der Nutzen für das tägliche Leben werden sehr ausführlich beschrieben. Selten zuvor hat es solch klare Anweisungen für den Prozess der Er-
leuchtung gegeben wie in diesem Buch, das inspiriert ist von der großen
Weisheit des berühmten Paramahamsa Yogananda, Autor des Weltbestsel-
lers „Autobiografie eines Yogis".

## Die Essenz des spirituellen Weges
### Die Weisheit des Paramhansa Yogananda
### Swami Kriyananda

Paperback, 272 Seiten, ISBN 978-3-86616-380-5

Die aufgezeichneten Texte dieses Buch sind ein
strahlendes Juwel der spirituellen Literatur, ein
kostbares Geschenk für jeden Menschen, der
nach den letzten Antworten sucht. In jedem
Abschnitt, in jedem Kapitel atmet es die Aura
des erleuchteten Geistes von Paramhansa Yogananda, einem der bedeutendsten geistigen
Lehrer des zwanzigsten Jahrhunderts und Autor des weltberühmten Meisterwerkes „Auto-
biografie eines Yogi". Aufbewahrt und aufgeschrieben von einem seiner
engsten Schüler und selbst berühmt gewordenen Lehrer Swami Kriyananda
begegnen wir hier den zeitlosen universellen Wahrheiten aller wichtigen
Menschheitsthemen. Dieses Buch gibt Antworten auf alle wirklich bedeu-
tenden Fragen des spirituellen Lebens und führt zur Selbstverwirklichung.
Es ist von Liebe, Weisheit und der einmalig spirituellen Klarheit eines erleuchteten Meisters erfüllt.

## Sein Bewusstsein auf eine höhere Seinsebene bringen
### Geführte Meditationen
**Werner Vogel**

CD, Laufzeit: 70 Minuten, ISBN 978-3-86616-123-8

Die Grundübung aller spirituellen Wege ist die Meditation. Das Ziel der Meditation in allen spirituellen Traditionen ist die Erfahrung eines nicht-dualistischen Bewusstseinszustands. Um in den Zustand des Geistes in der bewussten Erfahrung des „ewigen Hier und Jetzt" zu kommen, bedarf es einer stufenweise aufgebauten Übungspraxis. Geführte Meditationen können helfen, den zerstreuten Geist zu sammeln und auszurichten. Dadurch kommt der Übende zur Ruhe und zur Erfahrung der inneren Stille. Der Geist beruhigt sich und wird klar wie die Oberfläche eines aufgewühlten Sees, auf dessen Grund man sehen kann. Schließlich tritt der Zustand der gesammelten inhaltslosen Wachheit im Geist ein und der Übende wird offen und frei für ein höheres Bewusstsein. In der CD werden 3 Meditationsübungen angeboten, teilweise unterlegt mit meditativer Musik.

## Der kosmische Tanz des Ursprungs
### Wie das Sein persönliche und weltweite Probleme löst
**Arnold Mindell**

Paperback, 352 Seiten, ISBN 978-3-86616-338-6

Dieses Buch des weltweit bekannten amerikanischen Physikers, Psychologen und Mystikers Arnold Mindell eröffnet ein neues universelles Weltverständnis, in dem all unsere individuellen und sozialen Krisen und Konflikte lösbar werden. Erfahren Sie, wie sich das gesamte Universum, jedes Ding und jedes Lebewesen, seit seinem Ursprung in einem kosmischen Tanz der Verbundenheit aller Gegensätze befindet, und wie wir Menschen dies in der einzigartigen Methode des „Raumzeit-Träumen" erfahren und erkennen können. Insgesamt 40 meditativen Übungen, die weltweit in zahlreichen Seminaren erprobt wurden, regen an, diesen Paradigmenwechsel durch eine neue Bewusstseinsarbeit konkret zu vollziehen und lebendig werden zu lassen.

## Vom Verstand zur Intuition
### Wie man die Sackgasse Egoismus überwindet
### Heinz-Uwe Hobohm

Hardcover, 208 Seiten, ISBN 978-3-86616-248-8

Je mehr intuitive Kraft jemand hat, desto weniger egoistisch verhält er sich. Je weniger egoistisch man sich verhält, desto mehr Glück kann man erfahren. Überraschenderweise ist Glück also ein Resultat von Intuition. Dieser Zusammenhang wurde seit Jahrtausenden von Intuitionsmeistern und -meisterinnen – den Mystikern aller Kulturen – immer wieder unabhängig voneinander entwickelt. In diesem Buch werden zunächst die Grenzen des Verstehens der Wirklichkeit durch den Verstand in der Beschreibung ungeklärter wissenschaftliche Rätsel aufgezeigt, der Kern der Aussagen von Mystikern und Meditationsmeistern herausgearbeitet und auf den heutigen Alltag übertragen. Intuition ist lernbar, selbst loses Handeln ist lernbar! Die Entwicklung der Intuition nimmt deswegen einen größeren Raum in dem Buch ein. Sie ist mit dem Abbau von Egoismus eng verbunden. Meditation, Selbsterkenntnis und Transformation des Egobewusstseins sind der Weg, dieses Ziel zu erreichen.

## Radikales Erwachen
### Nimm dich im Alltag ganz an
### Jeff Foster

Hardcover, 256 Seiten,
ISBN 978-3-86616-282-2

2. Auflage

Jeder spirituell Suchende sehnt sich nach Einssein, Freiheit und bedingungsloser Liebe, „anzukommen" und im Hier und Jetzt vollständig aufzuwachen. Wer es liest, begegnet keinem neuen spirituellen Konzept, keiner Theorie, sondern der Einfachheit, Schönheit und Tiefe einer überwältigenden Erfahrung. Lebensnah, humorvoll, berührend und im besten Sinne radikal in seiner Direktheit zeigt Jeff Foster, wie die vollkommene Akzeptanz des Lebens und der Gefühle zur Freiheit führen und alles verwandeln kann. In jeder Zeile ist spürbar, dass er aus der eigenen lebendigen Erfahrung schöpft, und so geraten wir schon beim Lesen in den erfrischenden Sog der Freiheit.

## Worte der Kraft
### aus „Ein Kurs in Wundern"
### mit Interpretationen von Chuck Spezzano

Hardcover, 400 Seiten, ISBN 978-3-86616-358-4

Nicht viele Bücher der Menschheitsgeschichte haben eine solch große transformatorische Kraft und Dimension wie das Buch „Ein Kurs in Wundern". Auch der weltberühmte Weisheitslehrer Chuck Spezzano schöpft seit Jahrzehnten aus der göttlichen Inspiration dieses Meisterwerks. Er hat daraus für 365 Tage jeweils eine Botschaft in einem Satz ausgewählt und sie in einem kurzen Ausschnitt als Zitat in den Zusammenhang des Buchtextes gestellt. Er gibt dann seinen eigenen Kommentar zu den ausgewählten „Worten der Kraft",tief berührende Erläuterungen, Anregungen, Anstöße und Interpretationen. Dieses Buch ist ein wahrhaftiger „Seelen-Begleiter" im Alltag, durchdrungen von göttlicher Weisheit und Liebe. Es enthält Worte, die unser tiefstes inneres Sein nähren und erhellen können, und ist bestens geeignet für alle, die „Ein Kurs in Wundern" erst noch kennenlernen möchten.

## Mentales Intuitions-Training für Führungskräfte
### Reihe: Spirituelles Management
### Kurt Tepperwein/Felix Aeschbacher

Paperback, 176 Seiten, ISBN 978-3-86616-095-8

Die Autoren, selbst langjährige Unternehmer und Unternehmensberater, sind Pioniere des Mental- und Intuitionstrainings im deutschsprachigen Raum. Sie praktizieren schon seit Jahren die neue Wende für Führungskräfte auf allen Ebenen vom rein rationalen Systemdenken hin zu einem intuitiven Führungsbewusstsein. Denn das Bewusstsein der Führung entscheidet alles. Das Buch ist nicht der Theorie verpflichtet, sondern der Praxis und gibt zahlreiche praktikable Übungshinweise. Es integriert auf praktischer Ebene das Rationale und Intuitive, das Mentale und die Herzintelligenz. Wer Menschen und Firmen führen will, muss sich durch seine Intuition selbst führen lassen können. Das Buch zeigt den Weg zu einer neuen Führungskompetenz, ist eine wertvolle Orientierungshilfe und erzeugt eine hoffnungsvolle Aufbruchstimmung.